SCOPIES

JOAQUIN   RUIZ

SCOPIES

Ils regardent le monde autour d'eux avec parfois un sentiment d'étrangeté.

Ils nous racontent ce qu'ils voient au fil des jours depuis leur poste privilégié d'observation.

Sauf qu'ils sont eux-mêmes un peu particuliers.

Il s'agit d'un homme couché (dans son lit d'hôpital) : clinoscopie

d'un petit chat dans sa nouvelle maison : aïlouroscopie

d'un bébé dans son berceau : nèpioscopie

d'un vieillard dans sa nouvelle maison (de retraite) : gérontoscopie

et d'un malade mental dans la ville : môroscopie.

Autant de visions différentes, de « scopies » insolites.

Elles ont chacune leur part de vérité et nous révèlent des aspects invisibles pour d'autres de cette réalité étrange à laquelle nous nous sommes habitués, nous les gens « normaux ».

Joaquin RUIZ, après avoir été professeur agrégé de philosophie au Lycée du Mirail, a exercé le métier de psychiatre et de psychothérapeute à Toulouse.

Il a publié précédemment « Dits et interdits ».

CLINOSCOPIE

Blanc, à droite, lumière. On dirait une porte qui s'est ouverte. Quelqu'un est entré sans frapper. On dirait une femme. Elle fait du bruit avec des trucs métalliques. On dirait qu'elle essaie de me dire quelque chose. Je ne comprends rien : c'est trop fort, et par moments trop bas.

J'entends les oiseaux dans les arbres sous la fenêtre. Sur le plafond de la chambre des ombres et des lumières bougent comme des papillons qui volent dans tous les sens. C'est le vent dans les branches des platanes de la place. Je sais que c'est dimanche, parce que mes parents ne sont pas venus me réveiller. Ils se sont levés sans bruit. Je dors dans la chambre derrière un paravent. Je fais semblant de dormir en fait. Je les entends murmurer dans la cuisine. Je vois juste en face la poignée en céramique blanche de l'armoire qui me regarde : c'est la première qui sait quand je me réveille. C'est la première chose que je vois en m'éveillant. Puis je vérifie si mon pyjama et le drap sont mouillés : je fais jamais pipi au lit quand c'est dimanche le lendemain. Je suis bien. Ils sont tous les deux ensemble juste à côté, à discuter en buvant le café dans la cuisine, de l'autre côté du couloir. Je ne fais pas de bruit surtout, sinon ils ouvriraient la porte et viendraient me lever pour déjeuner. Je ne vais pas bouger jusqu'à ce que les cloches de l'église sonnent pour la grand-messe de dix heures. Je dois rester bien immobile sur le dos, les yeux ouverts, sans faire de bruit, comme ça ça durera longtemps.

Qu'est-ce que je suis bien ! Qu'est-ce que j'ai bien dormi ! Ça sent bon depuis la cuisine. L'odeur du Tonimalt dans l'eau chaude (je supporte pas le lait, ça me rend malade, déjà tout petit je supportais aucun lait, ni de ma mère ni de vache ni en poudre). J'attends que mon père ouvre la porte doucement et vienne me soulever et me porter vers la cuisine en me faisant des bisous dans les cheveux. En me mettant la main sous les fesses il a bien senti que je n'avais pas fait pipi et il est content. Il me le dit : « *Tu es un grand garçon maintenant* ». Même ma mère est contente parce que c'est dimanche, sinon les autres jours de la semaine elle râle toujours un peu le matin parce qu'on est en retard.

Lumière à nouveau, toujours à droite. La femme en pyjama blanc s'approche de mon visage et me parle dans l'oreille, doucement, mais je comprends rien.
Qu'est-ce qu'elle raconte ?

Je suis couché sur l'herbe au bord de la rivière. Il y a plein de femmes assises autour de moi, ma mère et des voisines, chacune avec leur gosse. Je me fais engueuler parce que je ne veux pas m'allonger sur une couverture et qu'il y a plein de serpents dans l'herbe. Moi je m'en fous, j'ai pas peur des couleuvres ; je ferme les yeux et je vois tout rouge à travers mes paupières en regardant vers le soleil qui est juste au-dessus de ma tête en ce début d'après-midi. Je sens l'herbe humide sous mes talons, sous mes mains et sous ma nuque. Je me colle à la terre. Je laisse entrer par mes oreilles tous les petits bruits des grillons, des criquets, des mouches, des abeilles, et le bruit lointain des femmes qui parlent de leur vie, pensant que je dors. La rivière est là à cinq mètres de mes pieds, elle fait un bruit tranquille en contournant les rochers parce qu'on est en été et qu'elle n'est pas encore en colère. Tout à l'heure je prendrai ma canne et j'irai jeter le bouchon et l'hameçon avec un ver de terre au-dessus des petits vairons qui filent dans tous les sens et, qui sait, j'attraperai peut-être même un gros goujon paresseux qui se planque dans la vase. J'aime l'odeur de mes doigts après que je les ai décrochés de l'hameçon. Ça sent la vase, le sang, le poisson et le ver de terre. Ma mère va hurler parce que c'est sale et qu'il ne faut pas les manger, mais les autres femmes vont la calmer et lui dire qu'au contraire, c'est bon pour le cerveau les poissons de rivière. Pour le moment je fais semblant de dormir. Qu'est-ce que je suis bien !

Il fait chaud. Le soleil me tape sur les tempes. Je suis toujours au bord de la rivière, mais plus haut, là où il y a de gros rochers et des panneaux jaunes de danger parce que le barrage en dessus risque d'ouvrir ses vannes à tout moment. On est venus à plusieurs avec deux filles. On a fumé des P4 (que nous a apportées le fils du buraliste) en toussant comme des malades. Mon copain Jean-Marie qui a trois ans de plus que moi s'est allongé à côté d'une fille de la ville que ses parents ont obligée à venir passer ses vacances chez les ploucs : une estivante quoi. Elle est toute dorée dans son petit bikini bleu à pois blancs. Pas comme les filles du village qui sont toutes blanches. Elle est allée à la mer avant de venir. Il commence à lui peloter les nichons en me faisant un clin d'oeil pour que je regarde ailleurs. Elle fait des petits bruits étouffés, elle a l'air d'aimer bien, elle se tortille un peu quand il essaie de l'embrasser sur la bouche, mais finalement elle se laisse faire.

Nous, les petits, on va les laisser tranquilles un moment tous les deux sous les grandes fougères. On va monter sur un rocher plat et sauter dans un trou noir de la rivière : on sait pas nager, on a pas pied, mais on peut toujours se raccrocher à une branche en cas. Et puis il y a mon copain Pascal qui sait plonger la tête et les mains en avant, et qui sait nager, même qu'il fait l'indienne, sur le côté. C'est que lui, son père est ingénieur des Ponts et Chaussées, alors chaque année il va un mois en vacances à Sète, au bord de la mer : c'est là qu'il a appris à nager. Il paraît qu'il fait même du voilier avec son père et ses frères. Nous on s'en fout, on a les barques à fond plat. Pour la fête du village on monte derrière et on pousse avec la grande perche pendant que les très grands en maillot de bain font la course au canard. Ils plongent dès qu'on est assez près et ils essaient de l'attraper : tu verrais le raffut qu'il fait le canard quand on l'attrape ! Il faut le ramener sur la berge, sinon tu n'as pas gagné le prix : un panier garni. Ça ce sera pour le quinze août ! C'est l'été ! Qu'est-ce qu'elle est bonne l'eau ! Elle m'enveloppe et me caresse de partout ! Ça me fait tout drôle dans le bas du ventre.

La voix de la femme en blanc me rappelle quelqu'un, ma mère : non c'est pas possible, elle serait pas morte alors ? Pourtant cette odeur ça me rappelle quelque chose, c'est la même qu'à l'hôpital quand ma mère y était.

Il fait très froid. J'ai le nez, les oreilles et le bout des doigts gelés. J'avance entre deux murs de neige plus hauts que moi. C'est

13

février 1956. Je traverse le pont pour aller à l'école : la rivière est complètement gelée. Jamais j'avais vu ça ! Tout le monde regarde entre les deux ponts parce qu'il y a un vieux monsieur en bas sur la glace. Je l'ai déjà vu : c'est un anglais à la retraite qui habite en dehors du village. Il a de drôles de pantalons courts serrés au-dessous du genou et des longues chaussettes à carreaux. Il attache sous ses chaussures des trucs bizarres métalliques : c'est pas des patins à roulettes, on dirait des lames de hachoir. Il s'élance, un coup à droite, un coup à gauche et il se met à faire des cercles et des huit sur la rivière ! En marche avant et en marche arrière ! Il est fou lui : si jamais la glace craque et s'ouvre, il est mort ! Il s'arrête et nous regarde en haut : « Ne craignez rien, dit-il en riant avec son accent anglais, elle est très épaisse, j'ai vérifié, vous pouvez traverser tranquillement à pied les enfants ; il n'y a aucun risque ». Les grands du CM2 se décident à y aller et commencent à faire des glissades sur les pieds et sur les fesses ; ils m'appellent pour que je les rejoigne. Je peux pas : il faut que j'aille allumer le poêle à l'école.

La salle de classe est sombre, le parquet sent encore le mouillé parce qu'on l'a arrosé hier soir avant de le balayer. Le poêle est là, énorme, noir, haut et cylindrique, tout au milieu de la pièce, entre les CE et les CM, avec un immense tuyau à angle droit qui file droit vers le haut puis vers le mur du fond. Le poêle c'est compliqué parce qu'il faut le démarrer avec du petit bois avant de continuer avec des boulets de charbon quand il est assez chaud, et puis après il faut qu'il chauffe toute la journée. Il faut toujours que quelqu'un le surveille de temps en temps. Heureusement le maître nous aide à régler le tirage pour qu'il n'y ait pas d'oxyde de carbone, sinon on est tous morts. Le maître il sait tout faire : le jardin, l'imprimerie, la pyrogravure, la linogravure, la météo, l'électricité. Il s'occupe de nous sans arrêt et nous enseigne toujours quelque chose, même quand il fait pas classe. Il nous parle d'une voix calme et grave avec sa cigarette au coin de la bouche qui pend et qui bouge quand il parle. Il ferme toujours un oeil pour éviter la fumée. Il habite juste au-dessus de la classe. L'école c'est sa maison, c'est sa vie. Certains cathos du village ne l'aiment pas parce qu'ils disent qu'il est communiste et que c'est un disciple de Célestin Freinet. « C'est l'école sans Dieu ! » N'importe quoi ! C'est lui mon dieu. Je l'adore : il m'a tout appris, l'anatomie de l'oeil, les circuits électriques avec les ampoules et les interrupteurs, le moteur à explosion, la machine à vapeur, les hauts fourneaux de Lorraine, le volcan en coupe, les marais salants, le clapier à lapins, la pompe aspirante et refoulante, l'élevage des vers à soie, les maquis de la Résistance… Tout quoi.

Je l'écoute toujours, surtout quand il fait cours aux plus grands pendant que nous les petits on fait un exercice : je me dépêche de finir et puis je l'écoute mine de rien.

J'aimerais bien faire instituteur plus tard.

Je suis où ? Je suis pas chez moi c'est sûr. Qu'est-ce que je fais ici ? Qui m'a amené ? Qu'est-ce qui m'est arrivé ?

Le jeudi après-midi c'est l'abbé qui s'occupe de nous. Lui je l'aime bien aussi, il est jeune, en pleine forme, et il part sans arrêt dans des grands éclats de rire. Pas comme le vieux chanoine qui grogne toujours, qui engueule tout le monde quand il fait son sermon le dimanche, qui nous fait réciter le catéchisme avec ses gros yeux, et qui nous file de grands coups de cape derrière la tête quand on bavarde ou qu'on chahute avec les filles. L'abbé lui il joue au foot avec nous le jeudi après-midi sur la place de l'église, il galope partout en se retroussant la soutane, il nous feinte sans arrêt et il marque des buts, puis il s'essuie le front en rigolant avec son grand mouchoir à carreaux : il est tout rouge ! il est heureux de jouer avec nous ! ça se voit !

Quand il pleut il nous passe des films dans la salle paroissiale. Enfin c'est pas des vrais films qui bougent et qui parlent : il fait défiler la pellicule image par image en tournant un bouton sur l'appareil, et c'est des bandes dessinées : souvent les aventures de Tintin ; mais il a pas voulu nous passer Tintin au Congo ni Tintin chez les Soviets ; il nous dit que ceux-là ils sont pas intéressants. Souvent c'est moi qui lis les bulles à haute voix pour les autres. J'aime bien. Sinon il nous passe aussi Blake et Mortimer ou Quick et Flupke. Qu'est-ce qu'on rigole avec l'abbé ! On dirait que c'est un gosse comme nous. Après, le dimanche ça me fait tout bizarre de le voir dire la messe tout sérieux avec ses habits magnifiques, dorés, blancs, rouges ou verts : moi c'est surtout le vert que j'aime. Si je faisais abbé plus tard, je mettrais que le vert.

J'ai mal au bras. Pourquoi je peux pas le bouger ? J'ai le bras paralysé ? C'est quoi cette courroie en cuir ?

Le Président du Conseil, Pierre Mendès-France nous a écrit une lettre pour nous dire que nous allions avoir tous les jours à quatre heures un bol de lait à l'école, distribué gratuitement : c'est pour lutter contre la malnutrition et le rachitisme. Les dames de la mairie installent une longue planche sur des tréteaux sous le préau, puis elles amènent d'énormes casseroles fumantes, de grandes louches et des bols en pyrex (on dirait du verre mais c'est incassable il paraît). Moi je dis à personne que je dois pas boire de lait : si ma mère l'apprend, elle me tue. Qu'est-ce qu'il est bon ! Je sais d'où il vient : des vaches de mon copain Robert, celles qui traversent le village le soir pour rentrer à l'étable, et qui lâchent des bouses vertes énormes dans la rue. Les commerçants râlent puis ils sortent avec une pelle et un balai et ils mettent quand même la bouse dans leur jardin en ronchonnant. Nous ce qui nous fait mourir de rire c'est quand elles s'arrêtent pour pisser : là ça fait un bruit terrible ! on dirait des trombes comme la lance des pompiers ! c'est énorme ! y en a partout ! ça dévale dans la rue !

Ah ça y est, elle me dit un truc que j'entends : « On a été obligé de vous attacher parce que vous tentiez de vous lever et de vous arracher la perfusion ». C'est pour ça que j'ai mal au bras alors ?

C'est la fin de l'été. On est seuls avec ma copine Lola dans le jardin, loin, derrière les maisons. Lola elle est plus grande que moi. Elle est au CM1. Elle est fille d'immigrés espagnols elle aussi mais elle est à l'école privée, chez les soeurs. Alors on se voit pas souvent. Mais là elle a l'air de s'ennuyer, c'est la fin des vacances, les estivants sont partis, alors elle me propose de jouer au docteur. Elle serait malade et je devrais l'ausculter avec mon oreille et lui prendre la température, et puis peut-être même lui faire une piqûre s'il le faut. Je sais pas trop comment il faut faire, mais elle m'explique tout. Elle s'allonge sur une murette du jardin, se met sur le ventre, soulève sa robe, lève ses fesses, baisse sa culotte blanche en coton un peu jaune et marron par endroits. Elle a des fesses énormes, pas comme les garçons : larges, rondes, blanches, avec des tous petits poils qui dépassent. Elle me dit que je dois lui toucher les fesses avec les deux mains. Sa peau est recouverte de tas de petits grains durs, comme si elle avait la chair de poule l'hiver. Mais non, elle me dit que la peau c'est toujours comme ça chez les filles. Je la touche lentement, puis je la malaxe plus franchement sur toute la surface. C'est agréable. Elle me dit que pour elle aussi. Puis elle me dit de coller mon oreille et d'écouter. Le docteur, lui, il met un mouchoir sur la peau de ton dos avant d'y coller l'oreille pour pas se salir, mais moi j'ai pas de mouchoir. J'écoute directement dans ses fesses. Ça fait un drôle de bruit, comme un tissu qui se froisse ou du vent dans les feuilles. J'ai peur qu'elle pète, mais elle se retient. Puis elle me tend un long bâton fin, lisse et sans noeuds qu'elle avait préparé, et elle me dit « ça c'est le thermomètre, il faut me l'enfoncer doucement entre les fesses, mais il faut l'enfoncer profond sinon on saura pas si j'ai de la fièvre. Vas-y carrément, n'aie pas peur. » Elle écarte les fesses pour que je voie bien le trou et que je me trompe pas. J'y vais doucement d'abord, ça rentre bien, puis plus profond, mais tout à coup elle fait un mouvement pour me dire un truc en se tournant un peu, et là, crac, le bâton se casse. Je pars en courant : je suis sûr qu'elle va mourir avec ce bout de bâton coincé dans le cul.

Heureusement elle me rappelle en riant et me dit que c'est rien : ça lui a pas fait mal du tout, ça lui est déjà arrivé et on n'en meurt pas : elle va réussir à l'enlever toute seule. N'empêche, je ferai jamais docteur.

Ouf ! elle m'a détaché un bras, celui où il n'y a pas la perfusion. Je bouge bien tous mes doigts. Ça va mieux déjà.

Suzanne c'est ma fiancée. Je la retrouve tous les soirs dès que je me couche et que la lumière est éteinte. Elle vient s'allonger tout contre moi dans le lit, à ma droite, contre le mur ; elle pose sa tête sur mon épaule, je mets mon nez dans ses cheveux, je la serre dans mes bras, et là on se met à parler. Elle me demande d'abord comment s'est passée ma journée au travail. Alors je lui raconte tout en détail, mais surtout les bonnes choses, les rigolades, les bonnes notes, tous les trucs nouveaux que le maître nous a appris ; surtout les cours qu'il fait pour les grands du CM ; je lui dis que je me dépêche toujours de finir mes exercices pour les petits, pour écouter les cours des grands, surtout les sciences naturelles, les machines, les techniques, ça c'est ce que je préfère, tout le programme du Certificat d'Etudes ! Les mauvaises choses je les lui raconte pas pour qu'elle soit pas triste toute la nuit : les disputes, les bagarres, les punitions, les moments de tristesse où j'en ai marre d'être un petit, tout ça je me le garde. Après on fait des projets d'avenir. Elle me dit qu'on voyagera dans tous les pays, et qu'on commencera par l'Espagne pour voir l'Andalousie, la terre natale de mes parents où sont enterrés tous les ancêtres de ma famille. Ensuite elle m'amènera visiter celui de ses parents : la Suède. Elle me dit que là-bas tout le monde est blond et que les filles sont très grandes et sportives : elles se baignent toutes nues dans les lacs en plein hiver, et puis quand elles ont envie d'un garçon elles se gênent pas pour le lui dire ! Elles sont comme ça les suédoises, libérées. Mais par contre elles ont la peau très blanche : ça, je lui dis que j'aime pas trop. Quand on a fini de bien parler, je me frotte un peu contre elle, mais pas trop fort parce qu'on vient de m'opérer du phimosis. Des fois, après, pendant la nuit, je me réveille parce que j'ai senti un truc très bizarre et très agréable dans le bas du ventre, et je me rendors tout détendu. Après le matin il y a une petite tache sur le drap ; mais Alain, le fils du Docteur m'a dit que c'était normal pour tous les garçons : ça s'appelle des « pollutions nocturnes », son père lui a expliqué, et lui a dit que la sensation que tu as c'est la même que quand tu couches avec une fille pour de bon. Ça s'appelle « éjaculation ». Ça a l'air rudement bien en tout cas… Après le matin je dis « au revoir » à Suzanne, « à ce soir », je la caresse un peu tout le long et je la remets à sa place, bien alignée à la tête du lit. Suzanne c'est mon traversin.

J'ai mal aux pieds aussi, je peux pas les bouger, pourtant je sens bien chaque orteil. J'arrive pas à lui parler : qu'est-ce qu'il m'est arrivé ?

C'est bizarre ce matin. C'est pas les mêmes bruits que d'habitude. On dirait qu'il n'y a pas de bruit du tout d'ailleurs, comme si tout était amorti. On entend pas de voiture ni de mobylette. Le village a l'air mort ou endormi. Même les gens ne parlent pas, ne crient pas. On dirait qu'ils sont tous restés chez eux. Je saute de mon lit, j'ouvre la fenêtre et les volets : tout est blanc ! il a neigé sans aucun bruit toute la nuit ! c'est la surprise ! c'est tout lisse, personne n'y a marché ni roulé ! on dirait de la crème sur un gâteau ! quel silence ! qu'est-ce que c'est beau ! vite il faut que je m'habille pour aller voir ce que font les autres : on va à l'école quand même, ça va être trop bien les batailles de boules de neige dans la cour ! Ma mère me met trois tricots, le bonnet, les gants, le cache-nez, les grosses chaussures montantes, pas les Pataugas qui sont en toile, non celles en cuir ! Et je file en courant pendant qu'elle me crie de ne pas courir.

Au retour je leur raconte tout ce qu'on a fait à l'école : on a ramassé de la neige, le maître nous a montré les cristaux avec sa grosse loupe, on les a dessinés, puis on a fait fondre de la neige dans une casserole sur le bec Bunsen : ça fait de l'eau et quand ça bout ça fait de la vapeur d'eau ! Et si on la met dehors cette nuit dans une bouteille, ça va refaire de la glace et la bouteille va exploser parce que ça augmente de volume ! C'est énorme. C'est toujours la même molécule il nous a dit, mais ça on peut pas le voir, il faudrait des appareils spéciaux.

Je dis à mon père que tous mes copains vont aller faire de la luge demain sur les prés en pente derrière l'église, sous la route de La Raviège. Alors il regarde ma mère d'un air embarrassé et lui dit : « Il faut que je lui fasse une luge pour demain ». Super, sauf qu'il n'a pas de planches… Alors il la regarde d'un air encore plus embarrassé, puis regarde la planche à repasser qu'il lui a faite l'an dernier, puis la regarde encore et lui dit : « Je t'en ferai une autre la semaine prochaine, promis ». Ma mère ne dit rien, elle ose pas. Mon père il ferait n'importe quoi pour moi.

Ma luge elle est unique : c'est la seule avec deux planches pleines sur les côtés et des tasseaux sur le dessus. Elle est trop belle, tous mes copains la badent. Et puis elle file vite parce qu'il a mis du fer dessous, il faut faire gaffe et freiner avec les deux pieds. Si tu freines avec un seul pied tu tournes ou tu te casses la gueule.

Qu'est-ce qu'ils m'ont fait ? ils m'ont opéré ? mais de quoi ? merde, pourquoi je peux pas lui parler ?

Tous les soirs à six heures on va à la gare voir arriver la micheline. Elle est rouge et blanche, elle arrive de Castres et s'arrête chez nous pour la nuit, elle fait de la fumée noire par la cheminée, c'est le gasoil. Elle fait un bruit énorme quand elle freine. Les roues sont toutes rouillées et pas graissées. Elle s'arrête pile sur un grand cercle de bois avec deux rails dessus, juste à sa taille. Tout les voyageurs descendent. Le contrôleur aussi : en fait le contrôleur c'est le chef de gare qui travaille à Castres toute la journée ; ça j'ai pas compris : comment il fait pour surveiller aussi la gare ici ? Le chauffeur descend et met des cales en bois contre les roues, puis il nous fait signe de venir lui donner un coup de main : il faut pousser la micheline sur le côté pour la faire tourner en même temps que sa plaque tournante, parce qu'il faut lui remettre le moteur dans l'autre sens et qu'elle puisse repartir vers Castres demain matin, sinon il faudrait qu'elle reparte en marche arrière et le chauffeur verrait pas les virages. Elle est sacrément lourde mais à cinq ou six on y arrive. Il faut pas non plus la faire tourner trop sinon elle ferait plus d'un demi-tour et alors il faudrait tout recommencer ! Quant on a fini de la faire tourner pile en face des rails, elle rentre en marche arrière dans la gare, qui est son garage pour la nuit en fait. Le chauffeur ferme le portail en bois à clef pour que personne rentre faire des conneries. Demain matin il fera le plein de gasoil et voilà ! C'est reparti !

J'aime bien prendre la micheline parce qu'il y a plein de tunnels.

Le maître il nous a dit qu'en fait c'est un autorail et pas une micheline. Mais moi je crois que ça c'est à Paris les autorails, ici dans le Tarn c'est des michelines.

Sinon il y a aussi les camions et les tracteurs. Mon copain Daniel il en a plein dans le garage de son père. Son père et son frère aîné sont mécanos-garagistes-pompistes. Ils sont tout noirs avec les mains pleines de cambouis. Dans le garage c'est interdit d'entrer, de toute façon on peut pas y marcher : il y a plein de moteurs démontés partout. Son père il est trop fort : il te démonte un moteur complètement dans la journée ; il va chez le forgeron se faire faire une pièce de rechange, puis il te remonte tout le moteur le lendemain. Des fois il lui reste des pièces en trop à la fin, mais le moteur remarche quand même, même sans les pièces ; alors il s'en sert pour les mettre dans un autre moteur. C'est dingue ! La mécanique c'est sa passion ; il connaît tous les moteurs : les Saviem, les Massey-Ferguson, les John Deere, les Renault, les Panhard. Il a même un camion de l'armée américaine, un GMC sur lequel il a fabriqué et installé un moteur gazogène : c'est un grand cylindre en fer vertical accroché à gauche de la cabine, qu'on remplit de petit bois, avec un couvercle hermétique pour retenir les gaz ; on allume le bois en bas du cylindre comme dans un four, on laisse bien chauffer et quand c'est prêt on ouvre lentement les gaz et le camion peut démarrer. Il faut le prévoir à l'avance ; on peut pas partir tout de suite comme avec les autres camions ; mais c'était bien pratique à la fin de la guerre quand il n'y avait pas d'essence ni de gasoil. Il fallait bien se débrouiller comme on pouvait.

Le maître il nous a expliqué que ça marchait comme la machine à vapeur ou le moteur à explosion : c'est un gaz sous pression qui pousse les pistons du moteur ; c'est pour ça qu'on l'appelle gazogène.

Qu'est-ce que j'ai soif ! Pourquoi elle me donne rien à boire ? Pourquoi elle y pense pas?

Cette année on va tous se fabriquer des « cárrés ». Il paraît qu'il y en a dans les autres villages. C'est une planche de un mètre sur vingt-cinq centimètres avec à l'arrière deux roulements à bille fixés sur un tasseau et à l'avant une longue planche perpendiculaire qui pivote sur un axe avec un roulement à bille dessous au milieu : c'est le guidon. On le monte en le tirant avec une ficelle au sommet d'une rue en pente, on se met à plat ventre dessus, on attrape le guidon avec les deux mains et puis on se lance dans la pente : ça accélère tout seul, avec le guidon on prend des super virages, mais y a pas de frein… Alors on essaie d'enquiller une rue qui remonte pour que ça freine tout seul. Sinon tu te vautres et tu pars avec la figure en avant sur le gravillon : ça fait du dégât.

Il fait froid, alors j'ai été obligé de garder mon long manteau. Au bout d'un moment je sens que ça freine à droite et que ça finit par s'arrêter tout seul. Je comprends pas jusqu'à ce que je regarde derrière : le bas de mon manteau s'est pris dans le roulement à bille ! Quand je me relève et que je le dégage il y a un superbe trou dans l'étoffe. C'est ma mère qui va être contente !

Purée, elle repart sans rien me donner à boire ! Quand est-ce qu'elle va revenir ?

Le dimanche après-midi après les Vêpres on va faire du Meccano chez mon copain Jean-Marc : on construit des grues, des camions de pompiers, des moulins à vent. C'est compliqué et c'est long. Il faut bien regarder le plan, bien choisir les pièces, les écrous et les boulons, et tout ça dans l'ordre, sinon il faut tout redémonter et recommencer. Mais quand c'est fini on est fiers parce que ça marche, avec une manivelle ou même des fois avec un moteur à pile !

Pendant ce temps, le père de mon copain, le chef de gare, reste assis à côté du buffet, l'oreille collée à la radio qui est posée dessus : c'est l'heure de l'opérette. Il les connaît déjà toutes par coeur, mais là il révise, il fredonne et se prépare pour le spectacle du mois de juin : pour la kermesse chaque année il met en scène une opérette et chante le rôle principal. C'est le couronnement de son année. Son boulot ne l'intéresse pas. L'opérette c'est toute sa vie :

L'auberge du cheval blanc, La veuve joyeuse, Le chanteur de Mexico, La Rose de Noël, Douchka, Les cloches de Corneville, La belle de Cadix, Violettes impériales... il les connaît toutes !

Merde, lumière, la porte, plusieurs maintenant, ils ouvrent les volets, ça hurle,

c'est quoi tout ce blanc ? des blouses ? c'est
bien l'hôpital alors. C'est la visite du matin.

Aujourd'hui c'est la fête des écoles, le dernier dimanche avant les grandes vacances. Le maître et sa femme ont tout préparé : les grandes tables sous le préau pour le goûter, avec l'orangeade et les biscuits, l'exposition des travaux d'élèves à l'intérieur sur les petites tables, avec les plus beaux dessins, les plus beaux cahiers, les plus belles pages d'écriture, les plus beaux textes libres imprimés par nous et illustrés avec des linogravures, le journal de notre école qu'on enverra par la poste aux autres écoles, même dans d'autres départements !

Les parents circulent entre les tables et disent qu'ils sont contents : on a bien travaillé cette année, ils sont fiers de nous, mais ils sont aussi contents d'avoir un maître et une maîtresse aussi bien. C'est mieux que ceux d'avant qui faisaient pas tout ça : c'est pas obligé par le ministre, mais eux ils le font quand même parce que ça leur plaît d'être fiers de leurs élèves et de montrer à tout le monde ce qu'ils font en classe. Et encore, ils ont pas vu le jardin : moi c'est ce que je préfère, avec tous les légumes bien alignés et la terre bien sarclée !

Pourquoi il soulève le drap ? qu'est-ce qu'il regarde ? qu'est-ce qu'il touche ?
Il dit rien ! il s'en va avec toutes les blouses pour leur parler dans le couloir.

Du 14 au 16 août c'est la fête du village. On est allés voir s'installer les forains toute la semaine : les cabanes et les camions avec les loteries, les confiseries, les manèges. Les loteries, on dit au maître que d'après nous c'est de l'arnaque : on y va pour gagner une oie de Guinée ou un panier garni, mais qui nous dit que le patron il met bien de temps en temps un billet gagnant ? S'il faut ils sont tous perdants ! Le maître nous dit que c'est normal qu'il mette pas beaucoup de billets gagnants, sinon comment il gagnerait sa vie ? Il a le droit lui aussi de gagner des sous pour faire vivre sa famille : c'est pas un métier facile, forain, et puis il y a beaucoup de frais. C'est dingue : le maître il pense toujours à des trucs que personne y aurait pensé ! D'accord.

Et puis surtout il y a les manèges : les autos tamponneuses c'est celui qui tient le plus de place, y a plein de monde tout autour qui regarde et qui rigole, et puis y a surtout les employés qui sautent d'une voiture à l'autre pour récupérer les billets : ils se tiennent à la longue barre verticale qui est derrière la voiture et qui frotte sur le grillage du haut ; jamais ils se font coincer les pieds entre deux voitures ! On y monte pas souvent parce que c'est cher, mais quand on y est on arrête pas de crier et on se poursuit ; le mieux c'est de tamponner l'autre voiture sur le côté à l'arrière, comme ça elle se met à tourner comme une toupie ! Quand c'est une voiture de filles alors là tout le monde les pourchasse pour les coincer !

Sinon il y a les montagnes russes avec la chenille. On s'assied à quatre avec les filles sur la banquette. Ça tourne de plus en plus vite, ça monte et ça descend, et puis d'un seul coup, schloufff, la capote de la voiture se ferme, alors c'est tout noir, les filles se mettent à hurler et puis nous il nous faut faire vite pour les peloter et les bécoter avant que la capote se soulève et que la chenille s'arrête.C'est sportif !

Après il y a le mur de la mort. C'est un grand puits en bois de cinq mètres de diamètre et six mètres de haut. On monte par un escalier pour voir tout en haut sur un trottoir. En bas du puits il y a deux motos qui font hurler leur moteur, qui commencent à tourner de plus en plus vite, puis qui brusquement montent sur le mur : les roues sont horizontales, les mecs aussi, ils se poursuivent comme ça pendant cinq minutes, montent, descendent, se doublent. Tout le monde a peur qu'ils retombent par terre. Mais le maître nous a expliqué que c'était pas possible, à cause de la vitesse de la moto et de la force centrifuge qui la plaque contre les planches du puits. Pourtant ça a l'air dangereux ! Il faut pas qu'ils ralentissent ou qu'ils tombent en panne d'essence, sinon ils sont cuits.

Moi la baraque que je préfère c'est celle des serpents. Ils sont vivants. C'est des pythons très dangereux. Ils peuvent t'étrangler s'ils resserrent leurs anneaux sur toi. C'est super musclé un python : personne fait le poids. Et pourtant il y en a plusieurs là dedans dans une énorme boîte en verre de deux mètres de long et un mètre et demi de haut pour qu'on puisse bien voir et avec plein de lampes dessus pour les chauffer et les éclairer. Les serpents ils aiment la chaleur. Dans le fond de la boîte il y a un petit matelas avec des coussins d'Orient, et sur les coussins il y a une fille blonde (il paraît que c'est la fille du patron). Elle est en bikini à paillettes, couchée sur le dos avec tous les serpents qui te lui montent dessus, qui se promènent sur ses jambes, ses cuisses, ses bras, son cou, ses seins, et elle pendant ce temps elle leur sourit, leur parle, les appelle par leurs noms et les caresse tranquillement pendant cinq minutes au moins pendant qu'ils lui font des bises sur les lèvres avec leur langue fourchue. Et ils lui font rien ! Pourtant ils dorment pas. A mon avis ils ont bien mangé avant et ils ont plus faim, sinon....

N'empêche, la dompteuse de serpents c'est ma préférée : j'y suis revenu en douce trois fois, parce qu'elle change de maillot à chaque fois à cause de la bave des serpents.

Le petit monsieur à lunettes revient :

« Monsieur Galibert, il va falloir que je vous opère parce que votre jambe droite n'a pas supporté l'arrêt de la vascularisation. Tous les tissus sont en train de mourir. Si vous voulez que je vous sauve la vie, il va falloir vous en séparer. »

Il est fou lui, il veut me couper la jambe : il faut l'arrêter, l'empêcher. Et tous les autres qui ne disent rien ! Au secours ! Maman ! Ils veulent me couper une jambe !

La kermesse c'est en juin. On la prépare toute l'année avec le chef de gare. On répète une opérette qu'on joue sur la place du Château de la Marquise si le temps le permet, ou dans la salle paroissiale s'il pleut. Il faut connaître tous les chants par coeur. Moi cette année je fais un soldat russe dans les choeurs pour « Douchka", mais c'est difficile de chanter bien comme il faut, pas trop tôt, pas trop tard, et juste. Les vieux, en plus de leurs airs de solistes, ils ont des dialogues à apprendre par coeur : y a un souffleur, mais on entend rien à ce qu'il souffle, et en plus des fois il se trompe de réplique. Après y a pas d'orchestre, y a juste le pianiste aveugle, celui qui joue de l'harmonium le dimanche à l'église ; mais lui aussi c'est le souffleur qui lui dit quand c'est qu'il faut démarrer, alors des fois on peut attendre un moment.

Le plus dur c'est qu'il faut qu'on te maquille juste avant, une fois que tu as mis ton costume : fond de teint, les yeux, les pommettes, à cause des projecteurs, sinon t'aurais l'air tout blanc et malade. Les maquilleuses elles sont gentilles, elles te mettent une serviette autour du cou, mais elles te touchent de partout avec leurs mains douces et agiles, elles se penchent sur ton visage avec leur poitrine qui déborde, leurs cheveux et leur sent-bon, elles ont leurs genoux qui se collent à ta cuisse, et ça te fait tout drôle : c'est des grandes du Lycée, y en a même qui sont apprenties coiffeuses et qui ont des fiancés.

J'ai très chaud quand je sors du maquillage, surtout les oreilles.

Bon sang j'allais oublier : oui, la jambe. Il faut que je leur dise que je suis pas d'accord. Ils peuvent rien faire sans mon accord.

La fête du village est finie. Il a plu le dernier soir, celui du feu d'artifice. Alors sur le bord de la rivière ils ont laissé tous les pétards mouillés qui n'ont pas pu prendre feu. C'est des gros tubes en carton avec une mèche en bas. On est cinq à examiner ces tubes. On sait pas trop quoi en faire. Alors mon copain François sort son Opinel et commence à en ouvrir un. « On va mettre la poudre à sécher au soleil et après on pourra s'en resservir pour faire des pétards qu'on balancera dans le lavoir de la mairie ». Ça tombe bien, il fait soleil cet après-midi. Il se débrouille bien. Le carton mouillé s'ouvre, il étale la poudre sur du papier journal et on laisse sécher un bon quart d'heure. Pendant ce temps il va chez lui chercher une boîte d'allumettes pour faire un essai. Il en craque une… il se passe rien. On est tous en cercle autour de lui qui s'est mis à genoux devant le papier. Alors il se baisse au ras du papier et il souffle avec sa bouche pour attiser la flamme, et là vloufffff, un grand souffle, il se redresse : il est tout noir ou plutôt gris-noir avec juste ses deux yeux blancs grand ouverts et sa bouche aussi, rouge et blanche. Il se relève lentement et avant qu'on ait eu le temps de lui dire quelque chose, il part en courant vers chez lui et là il se met à hurler : c'est horrible de l'entendre. On se dit tous : ça y est, il est mort, l'explosion l'a tué, et on sait pas quoi faire. C'est peut-être nous qui l'avons tué en le laissant faire. Il faut vite aller chercher le docteur Cabrol qu'il voie s'il y a quelque chose à faire.

Qu'est-ce que j'ai mal ! Qu'est-ce qui m'arrive ! Qu'est-ce qu'ils m'ont fait ? C'est surtout le pied droit, horrible, ça lance, ça brûle comme une aiguille qui te traverse ! Qu'est-ce qu'ils m'ont fait à ce pied ?

Ce matin y a le photographe officiel qui vient à l'école. Il prend d'abord en photo chaque classe ensemble sur les marches du perron, puis il prend chaque élève tout seul assis à sa table. On va pas avoir classe du coup.

Le maître nous aligne par taille : les grands du CM en haut des marches, les petits du CE en bas, tout le monde debout. On peut croiser les bras ou les garder pendants le long du corps. Moi je préfère croiser. Le photographe voudrait que le maître se mette sur un côté pour être avec nous sur la photo, mais il veut pas : il nous l'a expliqué avant. C'est un photographe qui a passé un accord avec l'inspecteur d'Académie d'Albi ; y a que lui qui a le droit de passer dans les écoles, comme ça il fait payer les photos très cher à nos parents, mais on est pas obligé de les acheter. Bon on bouge plus, il en prend deux au cas où une serait ratée. Après on rentre et on passe un par un. Il nous fait asseoir à une table où il y a déjà un cahier ouvert avec des trucs écrits. Des fois c'est même pas un cahier : c'est un livre ! Et puis il faut prendre le porte-plume et faire semblant d'écrire sur ce cahier qui n'est même pas le tien, et en plus il faut pas regarder ce que tu fais semblant d'écrire mais regarder l'appareil photo et surtout sourire, ça il y tient. N'importe quoi. A la fin il nous dit : « Cette année vous direz à vos parents que ce sera un peu plus cher parce que les photos sont en couleur ».

Il faut que j'attrape cette sonnette et que j'appuie sur le bouton rouge. Comment je sais ça moi, que c'est le bouton rouge ? Qui c'est qui me l'a dit ? En tout cas elle arrive tout de suite. C'est une petite jeune. La vieille met plus longtemps et râle toujours en arrivant. « Vous avez mal à nouveau, Monsieur Galibert ? Je vais vous rajouter un peu de morphine ». Purée ! morphine ! c'est grand luxe ! Ah ! quel pied ! je plane de suite, tranquille, au-dessus de tout.

Ce matin y a l'évêque qui vient au village. Il s'appelle Etienne (on peut pas savoir son nom de famille, c'est interdit pour les évêques). En fait il est plus qu'évêque, il est archevêque d'Albi, Castres et Lavaur en plus, le curé nous a averti. C'est celui qui nous envoie des lettres parfois, que le curé lit le dimanche en chaire. Il nous dit toujours qu'il pense beaucoup à nous et qu'il prie tous les jours pour nous, et qu'il faut aller bien voter pour les élections et défendre l'école privée. Il vient qu'une fois par an pour la Confirmation, parce que le Tarn c'est grand et qu'il peut pas être partout non plus. La confirmation c'est un sacrement, très important, comme le baptême, la communion ou le mariage. On a intérêt à se tenir à carreau. On l'attend tous devant l'église. On a mis nos habits du dimanche même si c'est jeudi. Il arrive dans une grosse Hotchkiss noire avec des pneus blancs sur le côté. Ils ont dû les lui repeindre à Albi juste avant qu'il vienne, parce qu'il doit avoir un garage dans l'évêché. Ils lui révisent la voiture à chaque fois pour qu'il tombe pas en rade sur les routes du Tarn, surtout en hiver. Il a un chauffeur avec une casquette grise qui lui ouvre la portière et qui le tire un peu pour qu'il puisse sortir de la voiture. C'est comme le Président de la République sauf qu'il est tout petit, tout maigrichot, tout voûté, avec des lunettes, et qu'il a une soutane violette sous sa cape violette aussi et une calotte de la même couleur. Le curé s'avance vers lui, s'agenouille et lui baise la grosse bague qu'il porte à la main droite : il nous a expliqué qu'il faudra qu'on lui baise nous aussi la bague après qu'il nous ait confirmés ; on peut pas la rater, elle est énorme. Puis ils entrent dans l'église et vont se changer dans la sacristie. Le chauffeur suit avec une énorme valise où il y a tous les habits de travail pour l'évêque et une autre très longue où on sait pas ce qu'il peut y avoir. Il peut pas nous confirmer sinon.

Ça y est : on est tous agenouillés devant la longue balustrade en fer devant l'autel, l'évêque se lève lentement, il a du mal mais il s'appuie sur sa canne immense, bien plus grande que lui, terminée par une spirale. Il porte un chapeau plat comme en carton avec le haut triangulaire. Il s'assied sur le trône doré au milieu et là il faut que le premier de la rangée vienne s'agenouiller devant lui. C'est tombé sur Jean-Marie. Il lui dit quelques mots en latin ; l'autre est mort de trouille parce qu'il comprend rien et qu'il peut pas regarder comment font les autres puisqu'il est le premier. L'évêque lève la main sur sa tête et lui met un peu d'huile sacrée sur le front, puis avec l'autre main il lui donne une petite tape sur la joue, pas une gifle, juste une petite tape qui fait pas de bruit, et il lui dit « pax tecum ». Ça le curé nous avait avertis, ça veut dire « que la paix soit avec toi », ça veut dire que c'est fini pour toi et que tu peux te lever. Sauf que c'est là qu'il te tend la main à l'horizontale et qu'il faut lui faire une bise sur sa bague en améthyste un peu mauve, mais surtout sans lui attraper la main, sinon tu es mort. C'est bizarre parce qu'il a des gants en velours mauve et la bague est par dessus... Peut-être qu'il a de l'eczéma et qu'il veut pas nous contaminer.

Je regarde tout ce qui se passe sur le plafond de la chambre. C'est mieux qu'au ciné parce que c'est moi qui choisis le film sans arrêt et qui change de séquence quand je veux. Là j'ai surtout envie de revenir dans mon village natal et de me repasser les bons moments de mon enfance.

Ça y est ! je suis entré au Cours Complémentaire de Vabre en sixième. Le Cours Complémentaire c'est bien parce que c'est mixte. Je suis tombé dans la même classe que Bernadette. J'ai vu dès le premier jour qu'elle est la plus jolie du Collège. Elle est au premier rang à gauche, avec sa blouse rose, je la vois pendant tous les cours depuis mon coin. Elle a les cheveux bruns coupés courts avec une frange devant, de grands yeux noirs immenses avec de longs cils qu'elle fait clignoter quand elle te regarde. Elle a des jambes courtes, fines mais musclées, je l'ai vu en gym, et surtout elle a déjà des seins qui poussent sous la blouse. Elle parle de moi à voix basse à l'oreille de sa copine Arlette pendant la récré, et elles pouffent de rire toutes les deux. Je sais pas trop si elles se foutent de ma gueule ou quoi. C'est compliqué de savoir avec les filles. Y en a qui te mettent des petits mots pliés sous le pupitre, mais sans signer, comme ça il te faut deviner qui c'est : « Le moment des folies... » « C'est toi le plus beau » ou même juste une image avec un coeur ou une rose mais arrosée avec du parfum de fille. Moi je pense qu'à Bernadette, mais comme elle habite à Vabre près du Collège, elle rentre chez elle à pied le soir et ne prend pas le car du ramassage ; sinon je me serais débrouillé pour être à côté d'elle dans le car.

Des fois on s'arrange pour être à côté quand on fait du travail de groupe, et là on se colle une cuisse contre l'autre et on fait semblant de rien, comme si c'était par hasard. Elle se penche un peu sur le côté, ses cheveux près de ma joue, et là je sens l'odeur de son sent-bon. Mais Olivier qui repère tout me fait des clins d'yeux depuis l'autre bout de la salle. Alors il faut faire gaffe.

Une fois par semaine on va à cinq ou six chez le curé de Vabre pour préparer la communion solennelle. On est tous assis autour d'une table avec le curé, et pendant qu'il nous explique et nous fait réviser le catéchisme, je regarde en douce Bernadette qui est en face de moi. Et là un jour, je sens tout à coup un pied qui touche le mien puis qui remonte un peu sur la cheville puis sur le tibia. Mon coeur se met à battre plein pot : c'est elle ! ça ne peut être qu'elle ! si les autres s'en aperçoivent on est cuits ! Pendant qu'elle fait ça elle me regarde pas, comme si de rien n'était. Elle est futée Bernadette. Elle écrit sur son cahier. Juste à la fin du cours, avant de se lever, elle me lance un regard de folie, qui veut dire : « Alors tu as compris ou il faut que je te fasse un dessin ? Vas-y, qu'est-ce que tu attends ? qu'est-ce qu'on fait maintenant ? ». Je sais pas quoi faire quand on sort et qu'on retourne au Collège. Je vais y réfléchir jusqu'à la semaine prochaine. Je sais que maintenant c'est à moi de faire quelque chose, mais j'ai peur d'avoir l'air con. Un poème ? une image ? une fleur ? je sais pas. Finalement, je crois que je vais juste attendre le voyage de fin d'année et m'asseoir à côté d'elle dans le bus. Et là je vais me lancer à fond dès qu'il fera sombre au retour.

C'est bizarre toutes ces images, ces bruits et ces odeurs qui reviennent : je ne les avais pas ressentis depuis si longtemps ! Où est-ce qu'ils étaient aller se fourrer pendant toutes ces années ? C'est comme si on avait ouvert une fenêtre dans ma tête et que je puisse regarder à l'intérieur, mais aussi écouter les bruits et sentir les odeurs et les goûts.

Dans l'armoire à trésors du maître il y a les crayons, les gommes, la craie blanche et en couleurs bleu, rouge, jaune et verte, les crayons d'ardoise, les bouteilles d'encre rouge, noire et violette, le papier millimétré, et surtout les plumes Sergent-Major : celles-là il ne nous en donne une que quand on a bousillé l'ancienne, mais il faut la lui montrer et lui expliquer ce qui c'est passé, parce que c'est du matériel cher. C'est de la bonne qualité, on fait pas mieux que Sergent-Major. Avant de la tremper dans l'encrier la première fois il faut la sucer un peu pour la mouiller. Sinon il y a aussi toutes les petites images pour les bons-points et les grandes images auxquelles on a droit quand on a eu dix bons-points.

Il y a aussi tous les livres de la bibliothèque qu'il nous prête le vendredi : la bibliothèque verte, la rouge et or, les Jules Verne, Louis Pergaud et les Erckmann-Chatrian. On marque son nom dans un gros cahier avec la date et le titre du livre emprunté.

Moi ce que j'aime c'est quand il me désigne pour distribuer l'encre violette dans tous les encriers de la classe avec la grosse bouteille : il faut pas se louper et pas en renverser à côté. Les encriers il y en a deux par table parce qu'on est deux assis à la même table sur un seul banc. Alors au printemps on laisse toujours l'encrier de droite vide ; on se sert que de celui qui est au milieu de la table, comme ça on se fait pas repérer. Dans l'autre on met de l'herbe du jardin coupée en petits morceaux et quand on attrape un grillon on le planque dans l'encrier juste pour la journée, après le soir on le ramène chez nous et on le met dans une petite cage cylindrique faite exprès pour les grillons qu'on a achetée chez le buraliste. Des fois le grillon se réveille et se met à crier en pleine après-midi, alors là le maître se met en colère parce qu'il dit qu'il faut pas emprisonner les animaux sauvages, que c'est une torture et qu'on doit les remettre dans leur milieu naturel. Alors on va remettre le grillon dans l'herbe du jardin. Tant pis. C'est vrai que tout seul dans une petite cage ça doit pas être très gai : comme les prisonniers de Louis XI dans les louisettes ; on a vu un dessin de ces cages en fer cubiques sur le tableau du cours d'histoire : il y enfermait ses ennemis le fumier.

C'est bizarre, on dit que les gens qui vont mourir revoient toute leur vie comme un film très rapide. Moi c'est pas ça : c'est comme si je voulais me repasser sans arrêt juste les bons moments.

C'est le jour de la foire du village. Des tas de gens qu'on connaît pas débarquent de la campagne à pied, en bus, en voiture, avec des bétaillères pour les vaches et les cochons ou des remorques pour les cages des poules et des canards. Ça crie, ça piaille, ça glousse, ça meugle de partout, la rue est pleine de paille et de bouses de vache. Robert et moi on a emprunté le vélo de Jean-Paul, lui devant, moi derrière sur le porte-bagages. On descend vers le foirail où il y a le marché aux bestiaux. Le vélo est petit, le guidon bouge tout seul, il y a un virage au bout, et là une vieille dame en noir avec deux gros paniers : elle est descendue du trottoir parce qu'elle contient pas dessus. Robert ne sait pas de quel côté passer : il essaie à gauche, non, je lui dis, à droite, et boum la roue avant du vélo va au milieu juste entre les deux fesses de la vieille dame. Le vélo s'arrête net, la dame bascule en avant, ne lâche pas ses paniers et sa tête va taper contre le coin en marbre de la mercerie. Oh putain ! On se précipite pour la relever : « M'avetz estroupiado ! » (Vous m'avez estropiée !) Son crâne saigne, ça coule jusque sur ses joues. Heureusement la pharmacie est juste en face. On l'attrape sous les bras et on lui fait traverser la rue. « C'est rien madame, vous allez voir, Monsieur Carayon va bien vous soigner. » Le pharmacien la rassure et nous calme : « C'est juste le cuir chevelu, c'est impressionnant parce que ça saigne beaucoup, mais c'est rien de grave. Je vais vous suturer ça sans faire de points. » Et là il nettoie la plaie avec de l'alcool, attrape les bords avec une pince, les serre et les colle avec une espèce de ruban adhésif, puis colle un pansement par dessus. J'ai envie de vomir. La dame, elle, n'a rien dit. Elle a même l'air contente. Ouf ! sauvés !

N'empêche jamais je ferai pharmacien.

Pourquoi c'est juste l'enfance ? Comme si tout ce qui m'était arrivé après n'était pas aussi bien ?

Aujourd'hui c'est calcul mental. On pose nos ardoises sur la table, la craie blanche à côté, pas le crayon d'ardoise : ça se voit pas assez bien de loin. On croise les bras et on attend que le maître nous dicte la première opération. Il commence par les plus faciles : 205 - 94 ou bien 6 x 123. Il nous laisse réfléchir 30 secondes puis à son signal on prend la craie, on écrit le résultat et on lève l'ardoise au-dessus de nos têtes. Puis il donne le résultat et on marque derrière l'ardoise 1 ou 0, si on a juste ou faux. Il faut pas regarder l'ardoise du voisin pendant qu'il écrit, sinon tu es éliminé.

Le calcul mental c'est bien parce qu'il te faut fermer les yeux, regarder dans ta tête et voir s'aligner les chiffres et les opérations comme sur un écran, et puis te parler aussi dans ta tête : « 6 fois 3 = 18, je pose 8 et je retiens 1 ». Si tu arrives pas à voir l'opération sur ton écran, tu es cuit. C'est pareil pour les tables de multiplication : si tu les vois pas dans ta tête, c'est pas la peine.

C'est utile le calcul mental pour le jour où tu as pas de papier ni de crayon. Quoique si tu es dans la forêt tu peux écrire les chiffres par terre avec un bâton…Mais là, si quelqu'un te surprend, tu as l'air tout con.

J'étais pas comme ça avant, c'est depuis que je suis dans cette chambre avec tous ces gens en blanc. Qu'est-ce qu'il m'est arrivé ?

Le samedi et le dimanche il y a un film au cinéma Vox. Le patron a collé une affiche le lundi d'avant sur le panneau qui est accroché au platane de l'angle de la place et une autre devant l'entrée de la salle. C'est une grande affiche avec des têtes d'acteurs et d'actrices. Il y a même des films en couleur. Ma cousine Rachel, Tant qu'il y aura des hommes, Laurel et Hardy soldats, Le salaire de la peur, Les dix commandements, Ben Hur, La jument verte… alors celui-là le curé nous a mis en garde au catéchisme : c'est un mauvais film qu'il faut pas aller voir ; l'archevêque le lui a écrit et il nous a lu la lettre. Le patron du cinéma a tenu bon et veut le passer quand même. Il a dit au curé qu'il était obligé par le distributeur, qu'il ne pouvait pas passer un autre film à la place, mais qu'il interdirait l'entrée aux moins de 21 ans. C'est bizarre que ça soit interdit : moi j'aime bien Bourvil quand il fait son accent de paysan normand. Enfin, il paraît que même pour les grands c'est dangereux, parce qu'il y a que du sexe.

Sinon au guichet on achète un billet demi-tarif mais après on est obligé de s'asseoir sur les sièges des trois premiers rangs qui sont en bois dur et pas en velours. Alors quand le film est commencé on se lève en se baissant et on change de place en courant, mais il faut faire gaffe parce que le patron du cinéma surveille tout et il vient t'attraper par l'oreille pour te ramener devant.

Sinon il y a les filles : il faut les repérer pour aller vite s'asseoir près d'elles. Le mieux c'est juste à côté parce que pendant le film tu peux te rapprocher petit à petit, leur offrir un caramel, leur toucher la cuisse ou juste leur caresser la main si elles sont d'accord. Les grands eux ils se mettent au fond de la salle et se foutent de notre gueule parce que eux là-bas c'est du sérieux, pendant tout le film ils leur pelotent les nichons, et même les embrassent carrément sur la bouche, en mettant la langue. Mais personne ne sait ce qu'il faut faire avec la langue, ça a l'air compliqué, sans compter qu'on peut pas respirer pendant ce temps.

Il y a des lumières bizarres ici, un peu bleues, qui passent sous la porte même quand ils la ferment. On m'a changé de chambre ? C'est la nuit ou le jour ? Qu'est-ce que j'ai soif !

Mon père m'a trouvé une petite chatte tigrée que lui a donnée un de ses copains à l'usine. Je l'ai appelée Mickeytte. Elle est très gentille, très douce, elle adore se laisser caresser, elle vient me faire des ronrons dans le lit le matin et puis après je lui donne un peu de lait de vache qu'on a acheté exprès pour elle, dans une soucoupe. Elle aime bien, même si c'est pas du lait de chatte. Elle me fait la fête quand je rentre de l'école. Elle me mord un peu et me griffe les mains mais pas fort, c'est juste pour jouer. J'arrête pas de lui faire des bisous avec le nez dans sa fourrure. Qu'est-ce que c'est doux !

Un jour d'hiver où il a neigé j'entends un grand ramdam sur les toits sous la fenêtre de la cuisine : on dirait que plusieurs chats se bagarrent dans la neige. Et tout à coup je vois qu'il y a aussi Mickeytte au milieu qui course un autre chat qui pousse de grands hurlements, lui saute sur le dos, l'attrape avec ses pattes de devant et lui mord la nuque. C'est horrible ! pourquoi elle lui fait ça, elle qui est si gentille ?

J'appelle mon père, il regarde la bagarre, et puis il me prend par les épaules et me dit : « Tu sais, je crois que mon copain s'est trompé, c'est pas une chatte : mais c'est pas grave, il va falloir juste qu'on l'appelle Mickey ».

J'ai le drap qui est bizarre, comme s'il était soulevé par un arceau métallique. C'est quoi ce truc ? Ils m'ont quand même pas opéré sans me le dire ! Non, c'est pas possible, je sens bien ma jambe, mon pied, mes orteils, tout ! Ouf !

Mon père il veut jamais me montrer sa quiquette, même quand on fait pipi ensemble au jardin ou à la pêche. J'y comprends rien : avec mes copains on se montre toujours notre quiquette pour voir qui a la plus grosse ou la plus longue. Un jour où je lui demande carrément pendant qu'on fait pipi, il me dit : « C'est pas possible : j'en ai plus, ça tombe après, quand on grandit. »

Pourquoi il me dit ça ? Il est fou ! Je sais bien qu'il a une quiquette énorme, grosse, longue et tout ! Je l'ai vue ! Alors pourquoi il me dit qu'il en a plus et que ça tombe après quand on grandit ?

Quand ma mère va faire la lessive au lavoir dans la cave de la mairie, elle planque toujours au milieu du linge des petites serviettes rectangulaires en tissu éponge qui disparaissent après au fond de l'armoire. Je lui demande : « Pourquoi j'en ai pas moi aussi des petites serviettes ? » Elle me dit que j'en ai pas besoin, que c'est que les femmes qui en ont besoin. « Mes copines de l'école, elles en ont alors ?

— Non, elles sont encore trop jeunes ».

Bizarre tout ça. Peut-être que c'est juste après qu'on a eu un enfant ?

C'est quoi ce tuyau qu'ils m'ont enfoncé dans la verge ? Ah oui une sonde urinaire ! L'infirmière me l'a dit. C'est provisoire. J'espère bien : je suis pas un vieux grabataire !

Le docteur Cabrol il a dit à ma mère que j'avais des signes de rachitisme, le front bombé et tout, et que pour me guérir, comme y avait pas assez de soleil en hiver, il fallait me faire des séances de rayons ultra-violets. C'est une grosse lampe métallique très dangereuse. Le docteur il me met des super lunettes sombres qui se collent autour des yeux. Il m'a expliqué que si jamais un de ces rayons me tapait sur la rétine j'étais aveugle. Alors j'ai pas intérêt à enlever mes lunettes. La séance est longue. Pendant ce temps il va voir d'autres patients à côté. Mais il me laisse des tas de bouquins, parce que je peux voir à travers mes lunettes : il a des bouquins débiles pour les bébés, mais il a aussi tous les Tintin au fur et à mesure qu'ils arrivent. Cette semaine il a reçu Le Secret de la Licorne. Dommage que j'y reste qu'une heure !

Qu'est-ce que j'ai mal à nouveau : dans le dos, dans le ventre, partout. Je parie qu'ils m'ont ouvert tout le ventre. Mais qu'est-ce

qu'ils cherchent purée ? ils pourraient au
moins me tenir au courant au lieu de me dire
que tout va bien et qu'ils s'occupent de tout.

En décembre on tue le cochon. Je le connais bien cette année. Il s'appelle Nestor. Il habite juste en dessous de ma chambre. Je l'entends grogner et ronfler la nuit. Je lui amène à manger le soir quand sa patronne Isabelle arrive en se dandinant avec deux grands seaux pleins de soupe aux choux et de tas de déchets de légumes bizarres, plus tous les trucs qui restent dans la cuisine quand tout le monde a fini de manger. Le cochon ça mange de tout. Chaque année au début de l'hiver on tue juste le plus gros. Les autres on les vend ou on les garde pour l'année prochaine. Le plus dur c'est de l'attraper, de le coucher sur le long couvercle de la maie et de l'attacher. Là il commence à couiner et à se secouer. Alors Augustin s'approche après avoir bien aiguisé son couteau pointu sur sa pierre mouillée, et zasss d'un seul coup il te lui tranche l'artère du cou. Le cochon réfléchit un peu, puis quand il voit qu'on lui a tranché l'artère du cou, il comprend, et il se met à hurler comme un malade. Mais c'est trop tard : tout son sang sort par le trou avec des saccades énormes. Isabelle met un grand chaudron dessous pour pas en perdre une goutte, parce qu'après on va faire du boudin avec, et avec ce qui reste on fera de la sanquette. La sanquette c'est facile : on mélange le sang avec de la mie de pain, de l'ail et du persil, et on fait cuire dans une poêle comme une omelette. C'est super bon. Le boudin c'est plus dur, il faut que ce soit le spécialiste qui vienne d'un autre village : il allume un grand feu pour mettre le chaudron dessus à chauffer, il mélange des morceaux de gras et de viande avec le sang, il touille, il cuit puis il fait tout rentrer dans une machine exprès ; ça passe au milieu d'un boyau, et à la sortie la machine te sort du boudin rouge-noir, tout fumant. C'est cru que je le préfère. Frit aussi c'est bon en tranches avec des pommes. Mais ça ma mère ne veut pas le faire. Elle dit que c'est dégueulasse la sanquette et le boudin. Que c'est des coutumes du Tarn avec du sang d'animal qu'on égorge. Elle peut pas : ça la dégoûte.

Sinon après c'est facile : on le suspend par les pattes de derrière bien écartées et attachées à une traverse en fer et on le fait monter vertical avec un palan vers le plafond la tête en bas.

Augustin le rase ensuite bien comme il faut de partout, avec son couteau le mieux aiguisé, puis il l'ouvre tout le long du ventre, et là on commence par lui enlever toutes les tripes qui sont pleines de choses bien dégueulasses ; on les vide, on les lave et après on s'en sert pour faire des tripoux en les faisant cuire avec des carottes, ou pour faire du boyau. Quand on a tout bien enlevé il reste plus qu'à découper toute la viande qui reste après qu'on ait coupé les quatre pattes pour faire les jambons. Le plus beau c'est les jambons arrière : ils sont énormes.

Après les dames passent toute la viande qui reste et la graisse dans des machines pour faire des mètres de saucisse fraîche, puis d'autres qu'on garde pour faire sécher et faire des saucissons ou des plis de saucisse sèche. Et après y a encore tout le reste : le pâté, le melsat, les bougnettes, l'andouillette, la tête qu'on rase et qu'on va pouvoir découper et faire cuire en sauce ravigote, les pieds qu'on garde puis qu'on fait bouillir pour faire des pieds en gelée. C'est fou tout ce qu'on fait avec le cochon ! Avec un seul cochon tu fais manger tout le village !

Les jambons c'est le plus long : il faut bien les recouvrir de gros sel puis les laisser longtemps à sécher dans la maie, puis suspendus dans le grenier ou les mettre à fumer dans la cheminée pour que les mouches n'y pondent pas d'oeufs : sinon tu as des asticots !

Pourquoi elles veulent me tourner sur le côté ? Ça fait trop mal, en plus j'ai froid et elles veulent à tout prix me laver, puis me masser, pour prévenir les escarres... Qu'est-ce que c'est encore ce truc ?

La couillotte on sait pas comment elle s'appelle. Dans le village tout le monde l'appelle la couillotte, parce qu'elle sourit toujours sans raison et qu'elle a une voix super aiguë. Chez elle il paraît que c'est le bazar total : elle fait jamais la vaisselle, elle range jamais rien, elle laisse toutes les assiettes et les casseroles sur la table. Pour manger, elle repousse juste un peu tout le bazar pour se libérer la place de l'assiette qu'elle vient de laver. Elle vient toujours nous aider l'après-midi quand on fait un couvre-pieds. Parce que pour le couvre-pieds il faut être nombreux. Il te faut une grande pièce vide, des tréteaux, des tasseaux de 2 m 50 avec des trous, posés en carré sur les tréteaux pour faire un cadre. On y fixe le tissu qui va faire le dessous du couvre-pieds. Puis on y pose la laine de mouton bien régulière et bien à plat, une couche de 10 cm maxi. Après on pose le tissu qui va faire le dessus du couvre-pieds, le plus beau, brillant, en couleurs, vert, rouge, bleu ou jaune, tout décoré de motifs. Et là il faut commencer à coudre, tout le bord pour commencer, en mettant dedans un cordon qui va faire la bordure. Chaque couturière fait un côté. Moi je prépare les aiguilles en enfilant du fil assez long pour que ça fasse tout un côté. Et après c'est le plus dur : il faut faire tous les petits carrés de 10 cm de côté en rentrant l'aiguille par dessus et en la ressortant par dessous, et ainsi de suite. Là on s'y met à deux équipes : il y en a deux qui s'assoient ou qui se couchent par terre sous le couvre-pieds et qui surveillent les aiguilles qui descendent, puis qui les font remonter juste à côté pour faire un point. Et les autres qui renvoient les aiguilles par dessus.

La couillotte c'est trop compliqué pour elle, alors elle aide comme moi en enfilant les aiguilles.

A un moment elle s'arrête, me regarde et me dit :

« Tu es bien jolie, petite fille ! Comment tu t'appelles ?

— Je suis pas une petite fille et je m'appelle Jacky.

— C'est très joli Jacky. Et moi, tu sais comment je m'appelle ? »

Là, toutes les aiguilles s'arrêtent d'un seul coup. Ma mère et toutes les autres femmes me regardent fixement, la main en l'air, sans rien dire. Je comprends tout de suite qu'il faut que je fasse très attention à ce que je vais lui répondre. Alors je lui dis :

« Non je sais pas. Comment tu t'appelles ?

— Je m'appelle Germaine.

— Germaine c'est très joli aussi.»

Dans le village il y a un seul fou. Il habite avec ses parents sur la place de la Marquise. On le connaît tous. C'est Norbert. En temps normal il est très gentil, il est beaucoup plus vieux que nous mais il rigole avec nous quand on sort de l'école. On lui donne des caramels. Les grands qui vont au bistrot, eux ils sont pas très gentils avec lui : ils l'envoient dire des conneries aux gens, ou faire des bêtises, donner des petits mots anonymes avec des rendez-vous aux filles ou même aux femmes mariées. Après c'est lui qui se fait engueuler.

Et puis une ou deux fois par an il commence à s'énerver, il se met à hurler après tout le monde, et surtout à la fin il dort plus, il s'enferme dans sa chambre avec le fusil de chasse de son père. Heureusement son père planque les cartouches. Alors ils appellent les pompiers qui essaient de le calmer avec le docteur. S'il arrive à lui faire une piqûre c'est bon, ils peuvent l'emmener dans le camion, sinon il faut lui sauter dessus à 5 et l'attacher. Les pompiers ils sont pas contents : ils disent que c'est pas leur boulot, que eux ils savent éteindre les feux de cheminée ou de forêt, et sauver les gens quand la rivière déborde, mais que les fous ça devrait être quelqu'un d'autre. Après ils l'emmènent quand même au Bon Sauveur à Albi, c'est l'hôpital des fous. Ils nous le gardent enfermé là-bas deux ou trois mois, et puis ils nous le rendent. Il est de nouveau tout gentil et content de nous retrouver comme avant. « Il est content Norbert ! »

C'est dingue la folie.

Jamais je ferai pompier ou docteur des fous.

Voilà que ça recommence. Elles viennent me refaire la toilette, me raser de partout et me badigeonner d'un produit orange. Je parie qu'ils vont m'opérer de nouveau.

Mon père il aime pas trop quand ma mère décide de faire du lapin, parce qu'il faut le tuer et puis après le peler. Et que c'est lui qui doit s'y coller. Il aime pas trop que je regarde non plus, parce que j'aime bien les lapins vivants, leur donner à manger du foin, des épluchures de légumes et de la salade, regarder leur petit nez rose qui bouge sans arrêt, et surtout regarder quand les femelles ont fait des petits : ils sont minuscules, tout roses et aveugles ; il faut surtout pas les toucher sinon la mère les tue ; ils dorment toute la journée contre le ventre de la mère et ils ne se réveillent que pour téter. Le mâle il faut le mettre dans une autre cage pendant ce temps, parce qu'il aime pas trop que la femelle ait des petits : peut-être qu'il veut qu'elle s'occupe que de lui ?

Mon père attrape le lapin de la main gauche par les pattes de derrière. Il le laisse pendre bien vertical, lui caresse les oreilles pour qu'elles descendent bien en bas. Et brusquement il te lui file une grande manchette derrière les oreilles du tranchant de la main droite : c'est sur le bulbe rachidien, comme ça il souffre pas, il meurt direct, il fait juste deux soubresauts maxi.

C'est pas comme la grand-mère de Jean-Marc : elle c'est affreux. Elle coince le lapin sur la table avec le bras gauche. De la main droite elle attrape un couteau pointu et lui coupe un oeil en tournant. Le sang gicle, le lapin se débat, il met longtemps à mourir, mais si on est deux on peut récupérer le sang pour faire une sanquette.

Après il faut le peler. On attache chacune des pattes arrière à une barre horizontale. On le suspend bien solide. Avec un couteau pointu bien aiguisé on découpe les poils et la peau tout autour des pieds pour faire comme des chaussettes. Et puis après il suffit de tirer la peau vers le bas des deux côtés. On voit d'abord apparaître les jambes roses, puis les cuisses, puis le ventre, le torse, les pattes avant et enfin la tête : ça c'est le plus impressionnant, quand on voit apparaître les yeux. De toute façon il est déjà mort : ça lui fait pas mal.

Mais mon père, il aime pas trop quand on tue le lapin.

Pourquoi ils m'ont encore changé de chambre ? J'étais bien dans l'autre. Ici il fait plus froid. Elle est bleue et on entend moins de bruit. Et puis les infirmières sont moins sympas ; elles sont très occupées et elles courent toujours. J'ai toujours aussi soif.

Mon copain Michel son père est charcutier. Ça sent toujours bon dans son magasin. Ça donne faim. Avec ma mère on y va que pour acheter du jambon d'York, cuit et rose, sans os. Je sais pas pourquoi ils l'appellent comme ça, parce qu'il est fabriqué quand même dans le Tarn, comme le jambon de Lacaune qui est juste cru et séché. Bref c'est le seul truc qu'elle achète à la charcuterie, parce que tout le reste il m'en faut pas, parce que j'ai une maladie de foie. Moi je l'accompagne toujours à la charcuterie, juste pour les odeurs : le boudin, la saucisse, le saucisson, et surtout le pâté, ça c'est le meilleur, étalé sur une tranche de pain, on dirait pas que c'est fait avec de la viande, c'est mélangé avec du gras : le meilleur c'est le gras. Dès que je vais chez les copains ils savent que c'est ce que je préfère, alors ils m'en filent en douce sur une tartine pour goûter, parce que leurs mères d'habitude pour goûter elles ne nous donnent pas du pâté, ça se fait pas.

Pour la communion solennelle le curé nous a expliqué qu'il allait passer devant chacun d'entre nous quand nous serions agenouillés devant la balustrade, qu'il faudrait ouvrir la bouche, sortir la langue, et qu'il allait y poser dessus une hostie : c'est une petite rondelle blanche de 2 cm de diamètre, fabriquée par les bonnes soeurs avec de la farine et de l'eau et un peu cuite mais pas trop. Il faut être à jeun complet : pas d'eau ni de manger de toute la nuit, sinon tu es impur. Ensuite il faut la garder collée sur la langue, rentrer la langue et la laisser fondre aussi longtemps qu'il faudra. Elle est toute sèche au début et quand elle se colle au palais ça te file un peu envie de vomir. Surtout il faut pas l'avaler ni la mordre ni la mastiquer : même si elle se colle au palais il faut continuer à la laisser fondre. Sinon tu es mort : c'est le corps du Christ.

Tu joins les mains, tu retournes à ta place et tu attends que ça fonde en restant à genoux tout le temps.

Après tu peux aller manger.

A l' église les femmes doivent se mettre à gauche   et les hommes à droite dans la nef centrale. Devant il y a des rangées de places réservées pour les gens qui ont payé une place à l'année au curé. C'est comme au cimetière : tu peux acheter une place au maire pour cent ans ou à perpétuité. Des fois y a même leur nom marqué sur le siège sur une petite plaque de cuivre. Les enfants on nous met devant près de l'harmonium. Les grands qui vont à Castres au petit séminaire de Barral on les met en haut tout autour du choeur dans les stalles : c'est les places d'honneur, près de l'autel, parce qu'à Barral c'est l'élite de chaque village et qu'ils ont une éducation religieuse. Les femmes doivent mettre une voilette ou quelque chose sur la tête. Les hommes au contraire doivent enlever leur casquette ou leur béret en entrant. Les hommes ils aiment pas trop s'asseoir en principe. Ils préfèrent rester debout au fond, juste à côté de la porte, comme ça ils peuvent sortir discuter des récoltes, des prix, du bétail, de René Coty, de Guy Mollet ou de De Gaulle, fumer une cigarette ou boire un coup au bistrot d'en face quand c'est calme. Après ils reviennent quand le curé monte en chaire et commence son sermon. Là ils en prennent plein la tronche sur les pharisiens, les faux chrétiens, les philistins, ceux de la dernière heure, ceux qui ne prient pas vraiment mais psalmodient du bout des lèvres. Le curé il s'adresse carrément à eux. Il les menace de tout mais eux ils s'en foutent : ils ont d'autres problèmes urgents à régler. Nous par contre il nous laisse tranquilles. Pourtant il pourrait en dire sur nous aussi : moi j'ai toujours peur qu'il me regarde droit dans les yeux en me balançant des trucs que je lui ai dits en confession. Mais il paraît que c'est interdit : c'est le secret de la confession.

Je suis toujours soulagé quand à la fin il nous dit : « Ite, missa est ».

Je suis tranquille jusqu'à dimanche prochain.

La messe j'y comprends rien : c'est en latin. Pourtant on nous a donné un missel où tout est écrit en latin à gauche et en français à droite. Mais j'ai jamais réussi à repérer la bonne page, parce qu'il y a des tas de messes différentes selon le moment de l'année, et que le manuel fait 607 pages. J'ai demandé aux autres, même à ceux de l'école privée, mais eux non plus ils captent rien, ils feuillettent au hasard et font semblant de suivre.

Et puis un jour au début de la grand-messe, on attend qu'ils sortent de la sacristie, le curé et les deux enfants de choeur, je suis à la page 7 parce qu'en face à gauche il y a une reproduction en noir et blanc de la Cène du Tintoret, et que j'aime bien la lumière autour de la tête du Christ. Le curé entre avec sa chasuble verte et dorée, se met de dos face à l'autel, lève les mains et commence : « Introibo ad altare Dei, ». Et l'enfant de choeur répond : « ad Deum qui laetificat juventutem meam ». Et là c'est l'éclair : je vois les deux phrases sur la page de gauche, je les prononce dans ma tête, je les lis, je les relis, et puis je vais à droite et j'ai compris la traduction avant d'avoir fini de la lire ! Je sais lire la messe ! Je sais lire le latin ! Alleluia ! Fastoche !

Le Café de la Gare a acheté un poste de télévision. Il est tout petit et ils l'ont mis sur une étagère dans l'angle en haut sous le plafond pour que tout le monde puisse voir, et aussi pour que personne le leur pique. C'est samedi après-midi. Le café s'est rempli parce qu'il y a un match de rugby du tournoi des 5 nations : France / Pays de Galles. L'écran là-haut est minuscule et plein de petites taches lumineuses qui clignotent. Les joueurs sont encore plus minuscules. Et puis on voit pas la couleur de leurs maillot ni leur numéro, alors on y comprend rien. Y a juste le journaliste, Roger Couderc, qui lui est là-bas à Cardiff et qui nous raconte ce qui se passe sur le terrain : heureusement qu'il est là à gueuler comme un malade chaque fois que les français marquent un essai, sinon on y comprendrait rien.

Quand le match est fini tout le monde est dégoûté. En plus la France a perdu le match. Mon père paie son café et ma grenadine et puis en sortant il me dit: « Ça marchera jamais ce truc : les joueurs sont trop petits, trop loin, on voit même pas leur numéro. C'est même pas en couleurs. C'est un attrape-couillons ce truc. Personne va acheter de poste de télévision ! »

Cette année le Tour de France traverse le village : il descend de Lacaune et va vers Castres et Toulouse. La veille les employés municipaux ont installé toutes les barrières. Les routes sont barrées de partout pour faire comme un couloir pour le Tour de France :

c'est qu'une fois par an. Avec mon père on se lève tôt pour s'installer au premier rang sur la place et voir passer toute la caravane, avant que les coureurs arrivent. La caravane c'est pleins de camions qui font de la réclame avec des couleurs bizarres et superbes, des klaxons italiens et de la musique dans les haut-parleurs. Le camion s'arrête quand il voit du monde sur le bord de la route, des gens descendent et nous donnent des cadeaux : des casquettes, des journaux, des revues, des images, la liste de tous les coureurs encore en vie, la liste de tous ceux qui ont abandonné. Tout ça c'est gratuit.

Il y a deux camions que je préfère. Celui d'Yvette Horner l'accordéoniste : elle est assise sur le toit du camion, sous une bulle en plastique transparent à cause du vent et de la pluie. Heureusement qu'il n'y a pas de tunnels sur la route ! Elle joue de l'accordéon et on l'entend malgré la bulle parce qu'il y a un micro et des haut-parleurs. Elle joue toujours des valses-musette. C'est sa spécialité. Moi je l'ai déjà entendue à la radio chez mon copain

Jean-Marc, mais là, de la voir pour de vrai sur son camion, ça me fait tout bizarre : elle a de longs cheveux roux magnifiques et la coiffeuse lui a fait une mise en plis de star.

L'autre camion que je préfère c'est celui d'Aspro. Il est tout rose, il passe à la fin de la caravane, juste avant la voiture-balai, parce qu'il doit y avoir pleins de docteurs dedans pour donner de l'Aspro à tous les coureurs qui ont mal aux jambes. Le camion Aspro il distribue pas de l'Aspro pour de vrai parce que c'est quand même un médicament trop dangereux : c'est pas des bonbons. Mais il distribue de la réclame pour dire que dès que tu as mal quelque part, le mieux c'est de prendre un Aspro. « Aspro est là, et la douleur s'en va ! »

On est là à attendre depuis des heures quand tout à coup on voit arriver au sommet de la rue trois coureurs tout seuls : « Ils se sont échappés », dit mon père. Ils passent devant nous à tout berzingue. On a pas le temps de voir leur numéro. « C'est des italiens » dit mon père. Et puis d'un seul coup, un troupeau énorme de toutes les couleurs fonce vers nous : c'est le peloton. « Surveille bien le maillot jaune, il est dedans ». Et là tout le monde le voit passer qui pédale tranquille au milieu des autres qui le protègent comme la reine des abeilles au milieu de sa ruche. C'est lui, c'est Bobet. « Vas-y Louison ! » Tout le village hurle. C'est le meilleur.

« Comment ça se fait qu'il se soit pas échappé ?

— Parce qu'il va gagner de toute façon à Paris, alors aujourd'hui il se ménage avant d'attaquer les Pyrénées. »

Et puis après on attend juste les derniers, ceux qui se sont fait lâcher par le peloton et qui galèrent tout seuls derrière. Ils arrivent au ralenti, en zigzaguant, couverts de sueur. Mais on les applaudit quand même pour les encourager. On leur ment même des fois : on leur dit « Vas-y ! ils sont pas loin! ». La vieille Lucie a rempli deux grands seaux d'eau à la fontaine de la place, elle en attrape un, s'avance vers le dernier qui fait un geste avec le bras gauche pour se protéger la figure et qui lui crie : « Noooon ! ». Trop tard, elle lui a balancé l'eau en pleine poire et lui crie : « Ça va te rafraîchir mon grand ! Vas-y ! Tiens bon ! Sois courageux : ils sont pas loin ! ». C'était un belge, blessé au genou, le pauvre. Je ne sais pas s'il va tenir jusqu'à Toulouse… surtout après le seau d'eau.

Jamais je pourrai faire coureur cycliste.

Marceau c'est le cheval. Il habite sous ma chambre, juste à côté des cochons. C'est un cheval colossal, très haut, avec des pattes énormes, un vrai cheval de trait pour faire les labours. Il a le poil tout blanc sauf la crinière et la queue qui sont un peu jaunes. Je l'entends la nuit donner des coups de sabot contre la cloison en bois quand il rêve. Il dort debout. Il se couche jamais. C'est normal pour un cheval. Il se couche que s'il est malade ou qu'il va mourir. Le cheval, dès qu'il se couche c'est mauvais signe.

Il mange du foin mais aussi des grains d'avoine, c'est ce qu'il préfère. Mais il mange pas de soupe comme les cochons. La soupe, si tu lui en mets un seau, il te le renverse avec le nez : c'est un herbivore, pas un omnivore, nous a dit le maître. Marcel le valet vient le chercher des fois pour l'atteler à la charrette bleue avec des lanières de cuir, et lui faire transporter des bûches ou des sacs de boulets de charbon chez les clients. D'autres fois il l'attelle au corbillard municipal pour aller chercher un cercueil et le conduire à l'église puis au cimetière. Mais là il le pomponne avant : il lui brosse les sabots avec du cirage noir brillant, puis lui peigne la crinière et la queue et lui attache dedans des petits rubans noirs. Il est vachement fier Marceau les jours d'enterrement : c'est lui la vedette, parce que tu verrais le corbillard, noir et argenté avec tous les tissus suspendus autour, les gerbes de fleur et les couronnes et les plumes noires sur le toit ! Et tout le village qui le suit en procession avec le curé en tête, habillé en noir lui aussi !

Et puis le cercueil c'est moins lourd que les bûches.

Cheval de corbillard, ça j'aimerais bien.

Tous les matins avant qu'on entre en classe le maître écrit une phrase au tableau et puis pendant cinq ou dix minutes il nous l'explique et nous demande ce qu'on en pense : c'est la leçon de morale. Aujourd'hui c'est « Si tes mains sont sales parce que tu viens de travailler, ne les cache pas, ce n'est pas une honte, c'est un honneur ». Tout le monde est d'accord qu'il n'y a pas de sot métier et que travailler c'est honorable, mais n'empêche qu'il faut tous se laver les mains avant d'entrer en classe : on les montre au maître quand on est en rangs devant le perron. Et puis il faut se les relaver chez nous avant de manger, à cause des microbes.

Des fois à la place de la leçon de morale on chante tous en choeur. Les paroles sont écrites au tableau : Le chant du départ, La Marseillaise, Les Allobroges. Celle-là elle est dure : personne comprend rien aux paroles.

«Je te salue ô terre hospitalière
Où le malheur trouva protection
D'un peuple libre arborant la bannière
Je viens fêter la Constitution.

Allobroges vaillants ! Dans vos vertes campagnes,
Accordez-moi toujours asile et sûreté,
Car j'aime à respirer l'air pur de vos montagnes,
Je suis la Liberté ! la Liberté ! »

Le maître nous a expliqué : ça parle des Alpes parce que c'est le chant national de la Savoie, du temps où la Savoie n'était pas française mais appartenait au Royaume de Piémont-Sardaigne. Il a été écrit en 1856 par Jacques Dessaix pour fêter la Constitution qui avait été accordée à la Savoie par le roi du Piémont. En France le parti conservateur et catholique ne l'aimait pas du tout parce que c'est un hymne internationaliste et libéral.

Dans le village nous les catholiques on est les plus nombreux, mais il y a aussi des protestants, moins qu'à Vabre mais quand même. Les protestants ils vont tous à l'école publique, c'est obligé. Et puis ils ont un Temple sur la rive gauche, où il y a marqué « Eglise Réformée de France », c'est comme leur église à eux. Le temple il est carré avec l'intérieur juste peint en blanc à la chaux, sans statues ni tableaux, ni grand autel. Ils ont un Pasteur mais il est habillé comme tout le monde, il est marié et a trois enfants, et puis il a un métier : il a une usine textile à Castres et fait le trajet tous les jours ; il fait pas que Pasteur. Et quand il leur parle ou leur lit la Bible, il met juste une robe noire avec un petit col blanc, il met pas la belle chasuble verte et dorée comme notre curé : c'est interdit chez les protestants.

Moi j'aime bien les protestants ; mes meilleurs amis c'est tous des protestants : il y a deux fils d'agriculteurs qui ont leurs fermes dans le village même, un rive droite côté Castelnau, l'autre rive gauche côté Belfortès, le fils du bijoutier, le fils de l'hôtel-restaurant, le fils de l'ingénieur des Ponts et Chaussées, le fils du Docteur.

Quand ma mère a dû partir à Toulouse pour l'opération de mon père, je suis resté seul au village, et il n'y a que les protestants qui m'aient accueilli et hébergé. A l'époque j'y avais pas fait attention, mais maintenant que j'y pense...

Dans ce village on a habité à trois, ma mère, mon père et moi dans trois maisons, successivement entre 1948 et 1958, puis de 1958 à 1966 à deux, ma mère et moi, dans la dernière maison.

La première j'y suis né. C'était un meublé au-dessus du cinéma Vox. La maison était un ancien relais de poste transformé en hôtel puis en meublé. Au rez-de-chaussée il y avait la salle de cinéma, un grand garage avec des places en location, et au fond la salle de bal avec une scène ; et sur la rue les pompes à essence. C'est Marie-Hélène la sage-femme qui a aidé ma mère à accoucher, et Gaby la mercière d'en face qui s'est occupée de tout pendant les premiers jours.

La deuxième c'était un appartement de deux pièces au-dessus du café de la Place, c'est là où il y avait l'armoire avec la poignée en céramique blanche qui me regardait. Cette place c'était dingue : il y avait deux hôtels-restaurants, deux cafés plus la maison du docteur, et de l'autre côté plus loin la mairie avec le lavoir, la Coopé (une épicerie coopérative) et la poste. Et un jour par semaine le vendredi s'y installait en plus le poissonnier, annoncé à sons de trompe par le garde-champêtre : « Le poissonnier Ormières est sur la place, avec ses coquillages et poissons de mer ! »

La troisième c'était Place de la Gare, un appartement plus grand avec cuisine, terrasse, arrière-cuisine, trois chambres et un grenier plus un bout de jardin derrière. Juste à côté du café de la Gare, et au-dessus de l'écurie-porcherie.

C'était bien parce qu'on pouvait jouer au foot et aux boules sur la grande place ombragée par les platanes, et puis la rivière, l'Agoût, coulait juste en contrebas de la place, c'était commode pour aller pêcher. Depuis la fenêtre de ma chambre je voyais tout. C'est dans cette maison qu'on a ramené mon père en 1958 après qu'il soit mort à l'hôpital Purpan d'une tumeur au cerveau. Et aujourd'hui je suis à mon tour dans ce même hôpital ! La boucle est bouclée.

Oh purée la lumière de nouveau : ils sont tous là ! le petit avec les lunettes se plante devant moi et me dit : « Monsieur Galibert, je dois vous montrer aujourd'hui le résultat de l'opération ; résultat provisoire, puisque, après l'amputation, vous allez bien sûr être appareillé, ça va de soi ».

Ça y est : il m'a coupé la jambe, et maintenant il m'annonce que je vais avoir droit à une prothèse métallique, mais discrète, avec une chaussure normale au bout. Putain, mais on m'a pas demandé mon avis à moi ! Peut-être que j'aurais préféré mourir de gangrène !

Il soulève le drap et me montre : l'horreur ! un moignon recouvert d'un pansement blanc. Putain qu'est-ce que c'est court ! Il me reste juste un bout de cuisse ! La vache ! Il a coupé court ! Il m'a bien eu. Pourtant je sens toujours ma jambe, mon pied et même mes orteils ! C'est dingue ce truc ! C'est pas normal ! Il va finir par me rendre fou lui !

AÏLOUROSCOPIE

Ah ! il a bougé légèrement un orteil, puis le bord de la bouche. C'est le vieux monsieur avec qui je cohabite. Il est en train de se réveiller. Son cerveau d'ailleurs était sorti du sommeil profond depuis un petit moment, la machine à penser s'était remise en marche. Je le sens tout de suite avant qu'il bouge, même quand je dors moi aussi, y compris dans une autre pièce. Il est étrange le vieux monsieur : vers trois ou quatre heures du matin son cerveau se met à carburer à fond et je sens que c'est de l'anxiété ; il remue des choses qui l'inquiètent pour le futur ; là je m'éloigne de ses pieds parce qu'il peut les bouger brusquement et violemment. Je remonte vers sa tête et je lui touche un peu le cou et la joue pour essayer de le calmer ; parfois ça suffit, surtout si je me mets à ronronner en même temps ; je ne sais pas pourquoi, mais mon ronronnement l'apaise : des ondes positives doivent passer entre nos deux cerveaux.

Parfois c'est insuffisant et il continue à s'agiter intérieurement : il doit être dans des angoisses de maladie ou même de mort. Il faut dire qu'il n'est plus tout jeune non plus. Souvent quand j'ai réussi à le calmer, il se met à ronronner lui aussi, mais attention, lui c'est tout de suite le gros turbo, il réveille toute la maison, surtout s'il est sur le dos, et il finit au bout d'un moment par s'étouffer et se réveiller lui-même.

Il s'imagine que je dors toute la journée parce que je suis étalée sur le canapé, mais il se trompe : je ne dors jamais en fait ; même quand mes yeux sont fermés, mon cerveau reste connecté à tout ce qui se passe dans la maison. Je peux faire plusieurs choses à la fois : je peux revivre des souvenirs de quand j'étais tout petit bébé, réviser tout ce qui s'est passé aujourd'hui, prendre des décisions pour ce que je vais faire demain, tout en analysant ce qui se passe autour de moi dans le cerveau des autres.

Mon ancien hôte était beaucoup plus jeune que lui mais moins gentil. Il n'a pas hésité à nous séparer ma mère et mes cinq frères et soeurs, sous prétexte qu'on était trop nombreux pour son appartement.

Je suis née à Avignon fin juillet. Je suis restée collée au ventre de ma mère dans sa chaleur et son odeur pendant huit jours. Et c'est là que mes frères et soeurs ont commencé à disparaître. Il les mettait l'un après l'autre dans un petit carton puis revenait à l'heure du repas, mais son carton était vide. Je sentais l'angoisse de ma mère monter : elle nous serrait contre elle et essayait de nous cacher sous les meubles. Elle nous laissait téter plus longtemps, alors qu'au début elle était plus impatiente. Elle ne dormait presque plus et sursautait au moindre petit bruit. Quand mes cinq frères et soeurs ont tous été enlevés, je suis restée seule cachée sous ma mère pendant deux jours, et puis il m'a mise à mon tour dans le carton. Ma mère l'a suivi en pleurant et protestant jusqu'à la porte, mais il lui a balancé un coup de pied et a installé le carton dans la voiture.

On a roulé vingt minutes. Il s'est arrêté sur un grand parking. Puis on est entrés dans la galerie marchande du centre commercial. Il s'est installé devant la boutique Bouygues, sur un banc, le carton posé à côté de lui. Des tas de gens passaient, s'arrêtaient, poussaient des exclamations en me regardant. Des enfants essayaient de me toucher mais leurs parents les tiraient par la main et les amenaient plus loin.

Et là, la jeune femme blonde est sortie de chez Bouygues, m'a vue, et est restée scotchée, comme fascinée. « *Mon Dieu qu'elle est petite ! Quel âge elle a ? Une semaine ? Vous la vendez ? Non, vous la donnez ! Mais elle tète encore sa mère, elle n'est pas sevrée : il faudra lui donner le biberon alors !* »
Elle n'a pas hésité une seconde : « *C'est elle que j'attendais : une petite tigrée grise et blanche*». Elle a pris le carton et m'a amenée

directement dans une pharmacie de la galerie marchande pour acheter du lait spécial chaton, puis à sa voiture en me parlant tout le chemin. Puis elle a fait un arrêt chez le vétérinaire : ils m'ont tous examinée sous toutes les coutures. Mais tout allait bien. Ils ont marqué mon nom sur l'ordinateur : « Pomponette » a-t-elle dit, drôle de nom, je ne sais pas si ma mère aurait aimé. Mais la jeune femme blonde m'a dit en sortant : « *Tu t'appelles Pomponette sur l'ordinateur, mais je t'appellerai Pompon. Je suis ta nouvelle maman. Tu vas voir, on va être heureuses toutes les deux. On va habiter à la campagne dans une grande maison. Je vais te faire téter souvent au début et puis après je t'apprendrai à manger comme une grande. Je te ferai plein de bisous et toi tu me feras plein de câlins. Je t'aimerai toujours. Je ne t'abandonnerai jamais.* »

« Pomponette », au début je n'avais pas fait attention, mais un soir en regardant d'un oeil « La Femme du Boulanger » à la télé j'ai compris : c'est le nom de la chatte de Raimu,

101

et bien entendu c'est une chatte en chaleur, ingrate et volage, qui fugue pour rejoindre les voyous de gouttière, puis qui revient à la maison toute penaude quand elle est affamée et épuisée. Et pendant tout ce temps le pauvre Pompon, lui, se morfond en l'attendant. Quelle vulgarité ! c'est le comble du texte à la fois misogyne et aïlourophobe sous des dehors tendres et larmoyants. Pagnol c'est vraiment le degré zéro de la littérature ! Quand je pense qu'il a massacré un épisode de « Jean le Bleu » de Giono pour faire le scénario de ce film ! Quelle image du chat ! Quand je pense que chez les Egyptiens nous étions des animaux sacrés ! Quelle régression ! Quelle décadence ! Et encore, en France on ne mange pas du chat comme en Chine, encore heureux.

Au début j'ai senti que la jeune femme blonde était très inquiète. Elle ne savait pas si la maison allait me plaire. Elle me trouvait tellement petite qu'elle avait peur que je ne survive pas à la séparation d'avec ma mère. Elle avait peur que je ne mange pas assez avec les biberons. La première nuit elle n'a pas dormi. Elle ne m'a pas prise contre elle dans son lit parce qu'elle avait peur de m'étouffer ou de m'écraser, alors elle n'a pas vraiment dormi : elle m'écoutait respirer dans mon petit panier au pied de son lit. Elle avait mis son réveil toutes les quatre heures pour me donner le biberon. Elle me faisait faire le rot après puis me mettait sur mon bac à litière en m'expliquant que c'était là qu'il fallait faire pipi et caca. J'ai compris tout de suite et ça m'a rassurée : c'était très organisé, alors que chez ma mère à Avignon chacun se débrouillait comme il pouvait. Le seul avantage c'est que ma mère me léchait toujours le derrière après avec sa longue langue toute râpeuse pour bien enlever tout le sale.

Elle s'occupe de moi tous les soirs et la nuit et aussi le matin. Le reste du temps elle est sur son ordinateur ou au téléphone ou alors elle part en voiture travailler. Elle m'embrasse très fort quand elle rentre parce que je lui ai manqué. Elle me dit qu'elle pense toujours à moi pendant la journée quand elle est sur les routes. Elle veut toujours me faire manger, mais pas des croquettes ni des boîtes, non, des petits plats qu'elle prépare : elle adore faire la cuisine. Moi j'aime surtout le jambon, la viande et le fromage, mais aussi tous les petits plats qu'ils préparent, sauf que parfois il y a du poivre ou du piment et ça me fait éternuer. Le riz, la semoule, la purée ou les pâtes je comprends pas à quoi ça sert et pourquoi ils en mettent partout : il faut que je fasse le tri, mais bon enfin...

L'autre maman c'est la dame brune. Elle me parle toujours avec une voix très douce, sauf quand je monte sur la table et que je circule entre les assiettes : là elle fait la grosse voix, m'attrape et me repose par terre. Je m'en fiche, elle est pas méchante, alors j'essaie de nouveau, parce que j'aime bien manger avec eux sur la table. Ils me mettent toujours ma nourriture, l'eau et le lait par terre dans des petites soucoupes, mais c'est un peu humiliant de manger toute seule par terre. Alors j'essaie toujours de remonter sur la table. J'aime bien dormir collée contre son dos : c'est chaud, et puis elle ne remue pas beaucoup et elle ne ronronne pas. Elle s'occupe tous les jours de mon bac à litière parce qu'elle sait que j'aime qu'il soit bien propre : je suis un peu maniaque. Elle me peigne tout les dos avec un peigne spécial pour moi : j'adore qu'on me gratte le dos ; ça me fait plein de frissons et ça déclenche le turbo. Elle me caresse aussi le dessous de la mâchoire et le ventre quand je suis à côté d'elle sur le canapé. C'est ce que je préfère. Mais le crâne entre les deux oreilles c'est pas mal non plus.

Ce que j'aime bien aussi c'est attaquer les pieds nus le matin, les attraper avec les pattes et les mordre un peu : parce qu'ils ont une bonne odeur de sueur de la nuit, ceux du vieux monsieur surtout. Lui il aime pas trop que je me mettes dans ses pieds le matin, et il me dit qu'il risque de me marcher sur les pattes et de me faire mal. Alors il m'attrape, me met la main droite sous les fesses et les pattes arrière, la main gauche sous les pattes avant, il me tient serrée debout contre lui, puis il me fait des bisous en me parlant et en mettant son nez dans les poils de ma nuque. Il me dit que je suis un petit chat très gentil, que je suis sa petite fille et qu'il m'aime beaucoup. Là je ne bouge plus. C'est parfait. De temps en temps je mets juste la tête un peu en arrière pour lui faire un bisou sur le nez ou la bouche. Je crois que je lui rappelle une petite chatte tigrée qu'il a eue quand il était tout petit.

Trois ou quatre fois par jour j'ai une brusque montée d'adrénaline et je me mets à courir à fond la caisse dans tous les sens. Je saute sur les chaises, les tables, les canapés, les lits, je grimpe les escaliers, je les dévale. Je ne peux pas m'arrêter : dès que le mécanisme est enclenché il faut que je coure jusqu'à épuisement du carburant. Je sens mon coeur qui bat très vite pendant quelques minutes. Ça me plaît ces moments de folie. Des fois j'ai tous les poils de la queue qui se hérissent et elle triple de volume. On dirait que j'ai vu un ennemi très dangereux. Ça les fait rire, ils disent : *« Ça y est, c'est le quart d'heure de folie ! »* Là je ne me fais pas gronder sauf si je renverse des trucs fragiles, mais ça je fais attention.

Le ronronnement, ils n'ont rien compris. Ils s'imaginent que je fais ça quand je suis contente, que je le fais exprès, que c'est presque un message de gratitude. N'importe quoi ! C'est comme l'adrénaline, juste mécanique. Il y a un déclencheur : quand on m' appuie sur certains points du dos ou de la tête, quand j'entends le bruit de ma soucoupe pour le repas, là le turbo se met à vibrer automatiquement dans ma gorge, mais ce sont juste les cartilages du larynx qui bougent, je ne peux pas l'arrêter, ça ne veut rien dire : des fois j'aimerais que ça s'arrête parce que ça me gêne pour dormir, mais pas moyen. Il faut attendre que ça s'arrête tout seul. Ça devait sûrement avoir une fonction vitale chez mes ancêtres de la préhistoire, mais maintenant c'est juste pénible.

Par contre, quand je miaule, là ça veut dire quelque chose de précis : j'ai faim, j'ai soif, j'en ai marre d'attendre, je veux sortir, je veux rentrer, il y a un oiseau qui m'énerve ou Jojo le crapaud qui me nargue.

Les insectes j'adore, c'est tout petit, ça bouge sans arrêt, et puis il y en a des tas de différents pour tous les goûts : moucherons, mouches, abeilles, guêpes, bourdons, araignées... J'adore les regarder bouger, puis quand j'en ai assez je leur donne un coup de patte et je les mange : c'est trop bon ! Je me méfie quand même des guêpes : il faut être sûr qu'elles sont mortes avant de les avaler, sinon elles te piquent et ça fait très mal ; et puis elles sont futées : des fois elles font semblant d'être mortes et puis crac !

Dans la cour devant la maison il y a des tas de plantes qui sentent bon : du thym, du romarin, de la sauge, du laurier, de la verveine, du basilic, de la sarriette, de la lavande ;

j'aime beaucoup les renifler et les mordiller. Et puis il y a plein de feuilles mortes de la vigne et de l'ampélopsis qui volent dans tous les sens quand le vent se lève brusquement et tourbillonne en bourrasques. Je les pourchasse et me roule dans les tas. C'est plein de petits oiseaux aussi qui viennent manger les graines ou les miettes sous la table. Mais ils sont rapides comme l'éclair : j'ai pas réussi à en attraper un seul. Et puis il y a Jojo le crapaud qui se planque dans les coins humides. Lui je l'observe tous les jours mais il est malin, il bouge pas, il fait le mort, il bouge même pas les yeux, mais il me surveille. Et puis il change de cabane : des fois il grimpe dans les arbustes, des fois il se cache sous la grille du regard d'évacuation des eaux de pluie. Je le repère toujours parce qu'il peut pas s'empêcher de pousser son cri lugubre de temps en temps. J'ai essayé un jour de le toucher avec la patte, mais sa peau est dégoûtante, toute visqueuse et gluante ; pourtant il est toujours fourré dans l'eau, il devrait pas être sale comme ça.

J'aime bien monter au deuxième étage dans la bibliothèque et m'installer devant l'une des deux fenêtres : de là je surveille deux rues du village, je vois les passants, le facteur des colis et celui des lettres, les chiens, il y a même des chats qui circulent tranquilles et traversent les rues en évitant les voitures, les scooters et les motos. Mais le plus intéressant c'est les oiseaux qui viennent dans le laurier du voisin. Ils sont tout petits, ils vont à toute allure, ils trouvent toujours quelque chose à manger, je ne sais pas comment ils font. Moi celui que je préfère c'est celui qui a le jabot rouge-orange : qu'est-ce qu'il est beau ! Je crois que même si j'arrivais à l'attraper un jour, je ne lui ferais rien tellement il est beau.

Quand je ne pense pas à mes vieux souvenirs, dans le ventre de ma mère, avec mes frères et mes soeurs,ou à la semaine passée à l'air libre à Avignon, j'écoute, j'observe, je sens tout ce qui se passe autour de moi. Tous les gens bougent, font du bruit avec la bouche ou avec les objets. Tout m'intéresse : dès qu'il se passe quelque chose, j'accours, et si ça n'a pas l'air dangereux, je participe.

J'aime bien quand on fait la cuisine : il y a plein de bruits et d'odeurs, la viande surtout quand elle frit dans la poêle. Et puis tous les bruits qui vont avec. Je me perche sur la table et je regarde tout. Ça fume, ça grésille, ça bout, ça murmure. La cuisine c'est le centre de la maison, c'est là qu'il y a le plus de vie, surtout quand on y mange aussi.

J'aime bien quand le vieux monsieur ou la dame brune s'installent à leur bureau pour lire ou écrire. Je monte sur le bureau et je me couche sur les papiers parce que je sens que c'est ce papier qui les intéresse : alors je me mets dessus pour voir. Les touches de l'ordinateur ça me plaît beaucoup aussi parce que ça va vite et que ça fait un petit bruit tout doux. J'essaie d'en toucher une de temps en temps, mais là je me prends une tape sur la patte : il faut pas. Alors je me couche sur leur siège, dans leur dos. Comme ça je suis au chaud et puis je les entends penser : ça n'arrête pas ! Parfois ça parle même de moi. Mais là je me marre, parce qu'ils n'ont pas compris grand chose : un chat c'est beaucoup plus compliqué qu'on ne croit, et il comprend beaucoup plus de choses qu'on ne croit.

Depuis que je suis arrivée ici, j'en ai compris des choses !

L'important ce ne sont pas les choses qu'ils disent, c'est l'intonation, le regard, la posture du corps, et surtout l'intérieur, invisible mais que moi je sens immédiatement : je suis connectée au non-dit. Ils disent parfois un truc et ressentent en fait l'inverse. La question qu'ils posent renvoie souvent à une autre question qu'ils n'osent pas ou ne veulent surtout pas poser. Par exemple : « Tu as pensé à acheter le journal, la pâte feuilletée et le pain ? » ça veut dire : « Est-ce que tu as pensé à moi ? Est-ce que tu m'aimes encore ? » C'est facile à comprendre leur langage. C'est transparent. En tout cas pour moi. Eux je ne sais pas : j'ai l'impression qu'ils ne se rendent pas compte de ce que veulent vraiment dire leurs phrases. Et qu'ils sont sourds d'oreille.

Qu'est-ce qu'ils sont compliqués ! et en même temps naïfs : on dirait des gosses!

Parfois ils sont assis sur le même canapé, à vingt centimètres l'un de l'autre, sans se toucher surtout, et ils font semblant de regarder la télé alors que leurs pensées carburent plein pot sur tout autre chose : ça c'est quand il y a un contentieux, ou un mot malheureux, ou un simple malentendu, mais que aucun des deux ne veut faire le premier geste de rapprochement ou de contact, parce qu'ils tiennent à ce que ce soit l'autre qui cède le premier ou même qui reconnaisse ses torts et s'excuse. Ça peut durer longtemps !

Je connais bien ça. Chez les chats aussi on peut faire la tête pendant des heures alors que si on avait filé un bon coup de griffe d'entrée l'affaire serait classée. Je crois qu'on finit par leur ressembler à force de les observer.

J'aime bien quand la dame brune s'installe sur le canapé avec un livre. En général le livre raconte une histoire : c'est un roman. Je suppose du moins parce que moi je n'arrive pas à savoir ce qu'il raconte, je n'ai accès qu'aux réactions, sensations, émotions de la dame. J'arrive à suivre tout ce qui se passe dans sa tête au fur et à mesure de la lecture : c'est la partie émergée de l'iceberg, toute la partie immergée je l'imagine selon ses réactions. L'histoire est tantôt triste, angoissante, gaie, jubilatoire, perverse, piégée, elle réveille parfois en elle des trucs personnels. Des fois elle est surprise : il a dû arriver un truc imprévu à la fin.

Quand elle en a assez du roman, elle ouvre le journal, et quand elle a fini de lire les infos elle prend un crayon et écrit des lettres dans des cases. Là ça devient plus compliqué, parce qu'il n'y a plus d'histoire ni de personnages, même pas de pensées ou de phrases. C'est juste des lettres et des mots tout seuls qu'il faut deviner à partir d'indices. C'est un peu comme un roman policier sans intrigue qui ne parlerait pas de choses réelles mais juste du langage. Mais ça lui fait bien carburer le cerveau et la mémoire. Des fois ça l'énerve un peu, alors elle triche : elle cherche dans un dictionnaire !

J'aime bien quand ils s'installent le soir sur les canapés pour regarder la télé. Là j'ai le choix : soit je me mets au bout pour être tranquille sans être touchée par personne, et je peux regarder le film tout en ayant l'air de dormir ; mais là ils croient que je boude et se demandent pourquoi ; soit le film ne m'intéresse pas et je me mets entre eux et je les laisse me caresser la tête, le cou ou le ventre ; mais pas trop longtemps. Après je m'allonge complètement et je me détends, mais attention ! je ne dors pas pour autant ! je continue à suivre tout ce qui se passe ! Je ne dors jamais !

Quand c'est fini il me reste à choisir mon point de chute pour la nuit. Là c'est tranquille : je m'installe où je veux. C'est pas comme au début où ils me mettaient dans mon petit panier et où ils m'enfermaient dans ma chambre près de ma litière de peur que je fasse pipi n'importe où. Heureusement, ils ont vite compris que je n'étais pas comme ça.

Ce que j'aime c'est commencer la nuit sur la couette au pied du lit sans toucher personne. Au début tout le monde se repose, puis au fur et à mesure que la nuit avance, les choses changent, les rêves démarrent, les pensées, les inquiétudes, les questionnements, les projets commencent à affluer dans leurs têtes. Ils bougent, tournent, retournent, ça se met à carburer de partout. Alors j'essaie de les aider, de les apaiser : je remonte, me colle un peu à leurs pieds, puis à leurs jambes et des fois il me faut remonter jusqu'à leur dos pour que ça se calme. La nuit c'est terrible : quel boulot ! Qu'est-ce qu'ils sont fragiles et vulnérables la nuit ! Après, au matin, heureusement ils se reprennent en mains, sinon je n'y arriverais pas. Comment ils faisaient avant, sans moi ? Je crois qu'ils devaient avoir un autre chat, mais ils ne veulent pas en parler : il a dû mourir, mais je le sens encore dans la maison. Les gens qui n'ont pas de chat je crois qu'ils sont obligés d'avoir un psy, sinon c'est pas possible. La nuit pour moi c'est pas de tout repos. Après ils s'étonnent que pendant la journée je me repose !

L'eau qui coule m'intéresse beaucoup. Dès que je l'entends sortir du tuyau d'arrosage ou d'un robinet, je me précipite. Même dans la baignoire quand ils prennent leur douche j'essaie d'attraper le jet et à la fin je descends pour laper ce qui reste au fond. Ça les étonne : ils pensaient que les chats avaient horreur de l'eau, je ne sais pas d'où ils avaient sorti ça. Par contre je me méfie de l'eau du bassin dans la cour : elle a l'air très profonde, et si on tombe dedans on ne peut pas remonter. Alors je fais le tour du bassin en suivant le haut du mur, mais je n'essaie pas d'y boire : ça il n'y a que les guêpes qui le fassent, et des fois elles se mouillent les ailes et restent coincées à la surface. Qu'est-ce qu'elles sont bêtes !

Quand je me prélasse au soleil sur le carrelage ou sur un canapé ils font des remarques, des observations : d'après eux je n'ai pas les postures corporelles habituelles des jeunes chats, j'attrape les choses avec mes deux bras et mes deux mains,et ça serait dû au fait que je n'ai connu ma mère qu'une semaine ; je les prendrais pour mes vrais parents et donc je les imiterais... Tu vois le truc !

Moi j'adore le soleil, je le suis partout, je change de chaise, je change de pièce : dès que je sens sa chaleur j'ai envie de me rouler sur le dos, les pattes écartées, et je me frotte les vertèbres contre le sol, ça c'est le super pied !

Sinon je me glisse sur le radiateur, derrière le rideau, et de là je peux voir la rue de tout près : ça a l'air très intéressant, mais ils ne veulent surtout pas que j'y aille. J'essaie de me faufiler quand ils ouvrent la fenêtre pour fermer les volets, mais ils se méfient et m'empêchent de passer : ils sont terrorisés à l'idée que j'aille dans la rue ! La rue ça doit être vraiment très intéressant !

Ils m'ont acheté des balles en mousse, ça roule partout, je les pourchasse, je dribble et quand on m'en lance une je saute en l'air pour l'attraper avec mes deux mains : je fais le goal ! Je suis très bonne au foot !

Quand le vieux monsieur est tout seul, je le suis partout. Quand il monte dans son perchoir pour écrire, je me couche sous son divan tranquille, je fais semblant de dormir et je l'écoute penser. Des fois il écrit des trucs sur moi, et il me parle doucement. Dans ces moments-là il ne m'appelle pas Pompon mais « Aïlouros ». C'est bizarre comme nom, il n'y a que lui qui m'appelle comme ça, mais il m'explique que les Grecs anciens appelaient leurs chats comme ça. « Aïlouros ». « Aeïl » en grec ça veut dire toujours, et « Oura » c'est la queue. Ils avaient remarqué ça les anciens grecs : leurs chats remuaient sans arrêt la queue ! N'importe quoi ! C'est les chiens qui remuent la queue dès qu'ils sont contents !

Quelle servilité les chiens ! Aucune fierté ! C'est vrai qu'il repère souvent à ma queue si je suis de bonne ou de mauvaise humeur, si je suis excitée ou en colère, en panique ou terrifiée. C'est très important la queue pour un chat. Des fois je me rends pas compte, mais lui le repère tout de suite, comme si c'était un langage involontaire. Il est fort en chats ! Je crois qu'il a même acheté des bouquins exprès sur les chats, leur comportement et leur psychologie, leur langage et leurs pathologies. De toute façon, il achète des bouquins sur tout et n'importe quoi. Mais moi je rigole, je n'en fais qu'à ma tête, et je le feinte comme au foot, je le prends à contre-pied au moment où il croit avoir tout compris, et là, crac je fais l'inverse ! Il a l'air malin ! Je suis bonne aussi en humains.

Au début, quand j'étais petite, j'avais toujours besoin de me coller à eux, de jour comme de nuit, ça me rassurait. Mais maintenant, plus je grandis, plus j'ai besoin de m'allonger seule dans mon coin, sur mon coussin attitré, celui que j'ai choisi, carré, dur, avec vue sur la télé à gauche et sur eux à droite sur leur canapé. De là je contrôle tout, personne ne me touche, et, si ça me prend, je peux venir me coller contre eux. Je dois vieillir.

Des fois par contre, il me prend une envie énorme de retrouver ma mère. Alors je me pose sur la couverture en laine beige sur le canapé et je commence à pomper avec mes pattes avant, à mettre mon nez et ma bouche dedans, et à baver comme quand je tétais ma mère, la première semaine. Je sais, ça peut avoir l'air con, vu de l'extérieur, mais moi ça me fait du bien. Et puis je suis sûre qu'ils font eux aussi des trucs comme ça en douce, quand je suis pas là, des trucs qui leur rappellent leur enfance, du temps où ils tétaient leur mère, des trucs qui leur font plaisir et qui les calment, et qu'ils font quand il n'y a personne pour les voir. Je suis sûre qu'ils tètent eux aussi des fois, peut-être pas avec les mains, juste avec la bouche.

Je ne sais pas ce qui m'arrive depuis quelques jours, j'ai très faim, plusieurs fois par jour je dévore tout, même le riz et le couscous, c'est dire ! Et puis je me sens toute bizarre, j'ai toujours envie de sortir, de partir dans la rue, je ne sais pas pourquoi. J'ai comme une force magnétique qui me pousse vers l'extérieur. Je sens aussi un drôle de truc dans le ventre et dans les fesses. Ça me fait pousser un miaulement terrible, rauque et prolongé, que je n'avais pas avant. Je ne peux pas m'en empêcher. Ça me fait faire aussi des choses étranges : je rampe par terre avec la mâchoire au ras du sol et les fesses relevées. Je sais que j'ai l'air con quand je fais ça, mais je ne peux pas m'en empêcher. J'ai mal au ventre, je ne sais pas pourquoi, et je les engueule parce qu'ils n'arrivent pas à me calmer : ils me disent « pauvre petit chat ! on ne peut rien faire pour toi, mais ça va passer dans 4 ou 5 jours ». Je m'en fiche : pour le moment j'ai mal et j'aimerais juste savoir ce qui m'arrive. C'est une maladie ou je suis en train de devenir dingue ? Eux ils n'ont pas l'air de s'inquiéter ; ils trouvent ça normal on dirait. Ils m'ont dit : « Le mois prochain on t'amènera chez le vétérinaire. Tu verras, après, ça ne t'arrivera plus. Tu seras tranquille. » C'est quoi ce truc de vétérinaire ? La première fois il avait bien dit que tout était normal ? Qu'est-ce qu'il peut faire le vétérinaire pour empêcher que ça me reprenne ?

Aujourd'hui journée spéciale : la jeune dame blonde me fait entrer dans un petit panier en tissu avec un matelas et une porte grillagée, très confortable, puis elle m'amène dans sa voiture ; c'est la première fois depuis Avignon que je remets les pieds dans cette voiture, ça fait tout bizarre, mais j'ai pas trop peur du bruit parce qu'elle me parle tout le temps pour me rassurer. Elle m'explique tout ce que je vais faire aujourd'hui : elle va me laisser avec une dame que je connais déjà, l'assistante du vétérinaire, on va me faire une petite piqûre de rien du tout, je vais m'endormir aussitôt, et elle reviendra me chercher cet après-midi vers 15 h pour me ramener à la maison. Elle revient me chercher, c'est promis juré.

C'est bizarre ces odeurs ici : des produits chimiques qui piquent les yeux, des odeurs de pipi, de chat, de chien ; c'est plein d'animaux qui attendent dans des cages et qui ont l'air d'avoir peur. Qu'est-ce qu'ils vont leur faire ?

Ça y est, l'assistante vient me chercher et me change de pièce. Elle me pose sur une table bleue et la jeune dame vétérinaire arrive, me touche, me parle doucement, me caresse et me pique…

Ouhlala ! j'ai la tête bizarre, j'y vois trouble, j'arrive pas à me relever et à tenir sur mes pattes, je tombe sur le côté, en plus j'ai mal des deux côtés en avant des cuisses. Qu'est-ce qu'il s'est passé ? Je suis où ? Où est passée ma jeune dame blonde ?

Ah ! enfin la voilà qui se précipite : elle a l'air toute inquiète et penaude de m'avoir laissée ici toute la journée sans boire et sans manger. Dans la voiture elle m'explique qu'en plus de m'avoir opérée des ovaires, la vétérinaire m'a vaccinée contre des tas de maladies. Maintenant tout va aller bien : on n'aura plus besoin de revenir chez la vétérinaire. Elle me dit que je pourrai aussi sortir autour de la maison sans que les chats m'attrapent... Qu'est-ce que c'est cette histoire de chats ? Ils sont où ces chats ?

Je suis crevée, la journée m'a épuisée, j'ai même pas la force de manger, tiens, je vais me coucher dans mon petit panier, il est très doux et protecteur, on s'y sent à l'abri parce qu'il est très petit et qu'il enveloppe bien, et puis en mettant la tête près de la porte je peux tout surveiller. Ça c'est très important pour moi d'avoir toujours un champ visuel bien dégagé : ça doit être un vieux truc venu de la préhistoire.

C'est quoi encore ce nouveau truc ce matin ? Les bruits ne sont pas les mêmes, la lumière a changé, le soleil est très loin derrière les nuages, le village est tout blanc ! Il faut à tout prix que je sorte pour aller voir ça de près. Dès qu'on m'ouvre je file dans la cour... oups ! ça mouille les pattes et ça s'enfonce, j'en ai jusqu'au cou ! C'est quoi ce truc ? Ils se marrent tous en me voyant marcher là-dedans avec précaution. En fait c'est pas dangereux du tout : c'est froid et mouillé mais on peut courir dedans, faire des démarrages surprise, des culbutes, des dérapages en freinant brusquement ! Ah c'est donc ça la neige ? Ils me disaient tous hier soir : « Tu vas voir, demain il y aura de la neige ! Ce sera ta première neige ! » C'est la fête : un coup d'adrénaline me booste et je me mets à courir partout comme une dingue. Qu'est-ce que c'est excitant la neige !

NÈPIOSCOPIE

Ah la vache qu'est-ce que ça m'a fait mal, j'ai bien cru que j'allais y rester ! Les contractions des muscles de l'utérus autour de ma tête pendant des heures ! Faut dire que je n'avais pas vraiment envie d'y aller, j'étais si bien dans la poche d'eau de ma mère ! Puis le passage par le détroit osseux, puis l'autre furie avec son bonnet qui m'attrape pour me faire tourner les épaules, et enfin le jet d'air comprimé qui me perfore les poumons et qui me fait exploser les alvéoles. Là j'ai hurlé, c'était trop. Le prix à payer pour entrer dans la vie. Ma mère aussi a morflé la pauvre, pendant des heures : j'aurais voulu faire quelque chose pour elle, mais c'était mécanique, j'avais la tête trop grosse. Heureusement ils me l'ont pas attrapée avec les pinces métalliques. L'autre folle a même dit : « Elle est passée comme une lettre à la poste. » Tu m'étonnes que le courrier arrive en retard ! Heureusement au début ils m'ont laissée un peu tranquille quelques minutes posée à plat sur le ventre de ma mère : je l'ai reconnue tout de suite, son odeur, les vibrations et l'intonation de sa voix quand elle a dit : « *Mon dieu, il est là !* » Pourquoi elle a dit « il » au fait ? Elle est pas encore au courant que je suis une fille ? Enfin, passons. J'ai senti tout de suite que c'était pour la vie elle et moi. Alors j'ai rampé vers le haut sur quelques centimètres et j'ai collé ma bouche sur son mamelon, et là j'ai compris que désormais ça passerait toujours par la bouche : dès qu'il y aurait un problème, c'était là qu'était la solution. Je me suis presque endormie en suçotant son téton tellement c'était bien et tellement j'étais crevée. Mais là voilà l'autre folle qui m'attrape, me fait valdinguer en l'air et dit : « *Bon, vous allez pouvoir couper le cordon* ». Elle parle à qui là ? Ah oui ça me revient, cette voix grave qui demande : « *Je le coupe à quelle longueur ?* » c'est la même voix que j'entendais pendant les neuf mois, ça ne peut être que mon père avec ce genre de question. Il fixe la pince sur le cordon, prend les ciseaux, hésite un peu, puis se décide à trancher fermement : « *C'est épais !* » dit-il. Voilà c'est fait : ils pensent tous qu'ils m'ont séparée de ma mère définitivement, mais là ils se gourent complètement, il est pas encore né celui qui me séparera de ma mère.

J'ai même pas eu le temps de souffler un peu que l'autre lui dit : « *Bon maintenant on va la baigner* ». Elle est folle celle-là, moi tout ce que je veux c'est m'endormir entre les seins de ma mère, mais non, elle a préparé une grande bassine avec de l'eau, elle me refile dans les mains de mon père : je sens qu'il panique un peu parce que je suis glissante à cause du produit tout vert qui me recouvre entièrement ; enfin, il essaie de ne pas me laisser tomber par terre et me trempe prudemment dans la bassine : ça va, c'est pas trop froid, ni trop chaud, elle a assuré. Là il essaie de me laver d'abord avec ses mains puis avec une grosse éponge, mais moi je préfère avec ses mains : qu'est-ce qu'elles sont douces ! et puis il a tellement peur de me casser qu'il fait très attention, c'est comme une caresse !

La folle m'essuie et m'enveloppe dans la serviette éponge, puis m'attache un bracelet avec mon nom écrit dessus pour qu'on ne se trompe pas de bébé. Ma mère lui dit que je m'appellerai Marie en un et Hélène en deux : mais ça je le savais déjà, je l'avais entendu quand j'étais dans son ventre.

Et puis après la folle dit à mon père : « *Maintenant vous allez pouvoir la porter jusqu'à la nursery et la coucher dans son berceau ; le pédiatre va venir l'examiner, puis on la ramènera dans la chambre pour la tétée.* » Ma mère me fait un gros bisou et me dit : « *A tout à l'heure ma puce* ». Il me tient serrée contre son thorax, la main droite sous les fesses, la main gauche sous la nuque, et sort à petits pas dans le couloir, et là, quand il n'y a plus personne pour nous voir, il se met à chialer en silence : il est trop mignon ! Il me dit dans le creux de l'oreille : « *Tu es ma petite fille.* » Sa barbe me fait des chatouilles sur la joue. Je crois qu'avec celui-là aussi ce sera pour la vie.

C'est fou tout ce bruit dans le couloir : des mamans qui crient, des bébés qui hurlent, des outils métalliques qui cliquettent et qui tombent dans des plats en métal. Pitié pour mes pauvres oreilles ! Dans le ventre de ma mère tous les bruits étaient bien amortis ; et puis elle me faisait écouter des bruits agréables, elle me passait la musique qu'elle aimait : Bach, Mozart, Vivaldi, Chopin. J'aimais beaucoup parce qu'elle chantonnait en même temps et que ça faisait vibrer son ventre, et puis dans son liquide je pouvais bouger en même temps mes pieds tout en suçant mon pouce. Qu'est-ce que j'étais bien là-dedans ! Pourquoi on m'a forcée à sortir ?

Allez hop ! un vieux monsieur avec une grosse voix m'attrape, me couche sur le dos sur une table toute froide, me tripote dans tous les coins, me colle un truc froid sur la poitrine, puis m'ouvre les paupières avec ses doigts et me balance des gouttes dans chaque oeil. Là je me mets à pleurer parce que ça brûle. Il me touche tout le crâne, appuie ses doigts sur ma fontanelle, et à la fin m'attrape par les genoux et m'écartèle d'un coup sec ! alors là je lui hurle dessus ! j'espère que mes parents vont reconnaître que c'est moi qui hurle et vont accourir pour me délivrer. Mais pas du tout : personne ne vient, ils m'ont lâchement abandonnée aux mains de ce tortionnaire ; il me repose dans ma boîte en plastique transparent et s'en va remplir des papiers. L'infirmière fait rouler ma boîte dans le couloir, me pousse dans une chambre bleue, et là, miracle : ma mère est couchée dans un nouveau lit et me reprend sur sa poitrine ! je suis sauvée ! Je n'en peux plus, alors je m'endors aussi sec. On verra plus tard…

J'ai mal au ventre, qu'est-ce que j'ai faim ! Alors je me remets à crier un peu, mais ma mère est là et a compris tout de suite : elle me prend dans ses bras et me colle la bouche contre son énorme sein qui sent si bon et je l'engouffre aussi sec dans ma petite bouche ! c'est un peu dur au début : il faut pomper très fort, c'est épuisant, mais quand ça gicle qu'est-ce que c'est bon, chaud et crémeux ! c'est fou une maman, elle sait tout ce que j'aime et elle a tout prévu, c'est bien meilleur que le pouce. En plus je peux ouvrir un oeil pendant que je tète et regarder son visage que je n'avais jamais vu : qu'est-ce qu'elle est belle ! Elle a de longs cheveux châtain et des mains très douces qui m'entourent de partout. Elle a les yeux qui rient et elle n'arrive pas à regarder autre chose que moi ; elle me mange du regard ; elle est contente que je sois sortie et que j'existe maintenant à côté d'elle comme une grande ; elle me sourit, m'appelle « *ma petite Marie, ma douce, ma pupuce, mon bébé* » et me dit des choses tendres pendant que je la mange ; on voit que ça lui fait plaisir à elle aussi, comme si je la caressais avec ma bouche, alors je continue à lui mordiller le téton même quand j'ai fini de téter et que je n'ai plus faim, juste pour le plaisir de me rendormir comme ça, avec ma mère dans la bouche. C'est presque comme si j'étais encore dans son ventre. Après elle est contente parce que j'ai bien tété et elle le dit à l'infirmière :

« *Qu'est-ce qu'elle est goulue !* » L'infirmière lui fait des compliments et lui dit que je suis magnifique…mais ça elle doit le dire à toutes les mamans ; elle va pas non plus lui dire : « *mon dieu, elle est affreuse votre fille ! ma pauvre dame, comme je vous plains !* »

Après c'est le défilé, on n'arrête pas de me réveiller : les taties, les tontons, les cousins, les mamies, les copains, c'est fou comme ils sont nombreux et ils font tous du bruit : « *elle ressemble à sa mère, elle a le front de son père* » ; ils veulent tous me toucher, me faire des bisous, ils prennent des photos, laissent des cadeaux. Trop de monde pour moi ! j'en peux plus ! moi tout ce que je veux c'est juste rester seule contre ma mère : dès que je sens son odeur et sa chaleur alors ça va, je peux me rendormir en lui tenant le doigt.

Bon, aujourd'hui ça s'agite de nouveau de bon matin, mais pas comme hier : ma mère a sorti un sac et une valise du placard, elle y range toutes ses affaires. Mon père est arrivé avec un couffin en paille, ça je suppose que c'est pour moi. Tout le monde nous dit au revoir. Ma mère me dit : « *ça y est, tu vas habiter dans ta nouvelle maison, tu verras comme ta chambre est jolie, toute rose, on te l'a toute retapissée, et puis là-bas tu seras plus tranquille qu'ici* ». Ça je veux bien le croire, sauf qu'en sortant de la clinique c'est l'horreur, les bruits, les voitures, les klaxons, les sirènes, c'est de la folie, en plus ça vibre, ça remue dans tous les sens : où est-ce qu'ils m'emmènent ? On grimpe des escaliers et on arrive dans un grand endroit avec des murs orange, puis dans une pièce aux murs rose. « *Voilà, tu es chez toi, c'est ta chambre* » me dit ma mère. Elle me dépose dans un grand lit en osier et me dit : « *Cette nuit je te remettrai dans ton couffin pour que tu dormes à côté de moi, comme ça je pourrai te faire téter quand tu auras faim* ». Ouf, tout va bien, je peux me rendormir. Quelle aventure !

C'est pas les mêmes bruits ici quand je dors. Il y a une rue sous ma fenêtre avec plein de voitures qui passent. Le pire c'est les mobylettes : ça me transperce le crâne. J'ai toujours faim quand je me réveille, c'est pénible. Des fois ils sont là, juste à côté parce qu'il fait jour, et ma mère me fait téter tout de suite ; mais la nuit je suis obligée de crier pour qu'ils soient au courant. Ma mère m'entend tout de suite, me soulève, me couche sur elle et me donne tout de suite son sein à manger : quel pied ! « Tout de suite », c'est ça qui est important ! Je dois sûrement me rendormir aussi « tout de suite », parce que le coup d'après je me réveille à nouveau dans mon couffin alors que je ne me souviens pas du moment où elle m'y a recouchée. Il se passe des tas de choses pendant que je dors : c'est dingue ! On me change de place et de pièce sans que je sois au courant. Je n'arrive pas à tout contrôler depuis que je suis séparée de ma mère. Avant elle m'informait en continu de tout ce qui se passait autour : je n'étais pas forcée de me débrouiller toute seule. C'est obligé que ça se passe comme ça ? Pour tous les bébés ?

Quand j'ai fini de téter ma mère je m'endors sur elle, je sens sa poitrine se soulever régulièrement, son coeur battre tranquillement, elle a l'air bien, elle aussi de m'avoir donné le sein, des fois même elle s'endort avant moi : elle doit être crevée après tout ce trafic. Parfois quand je suis bien endormie, il me revient des sensations de quand j'étais dans son ventre : des mouvements, des bruits, des musiques, des voix. Des moments agréables où elle chantonnait, où elle me parlait en me caressant à travers son ventre. Je me souviens aussi des moments où elle était inquiète, où elle avait peur que je me décroche trop tôt, où elle surveillait les contractions, surtout la nuit : je sentais tout ça mais je ne pouvais rien faire, en tout cas j'essayais de m'accrocher le mieux que je pouvais, c'est tout ce que je pouvais faire, ne pas sortir trop tôt. Je ne comprenais pas pourquoi, mais je sentais bien qu'elle essayait de me retenir dans son ventre le plus longtemps possible. Alors, j'essayais de lui envoyer des messages : « *J'ai compris : je m'accroche !* ». Je crois bien qu'elle avait eu avant moi dans son ventre un petit bébé qui n'avait pas réussi à s'accrocher.

Maintenant je peux me réveiller sans avoir faim. C'est bien, parce que je n'ai pas besoin de crier direct, je peux prendre mon temps, regarder, écouter, attendre, laisser le temps passer, tranquille. Je regarde tout ce qui bouge au plafond. Il est tout blanc, ma mère et mon père l'ont repeint. On y voit des ombres et des lumières, quand les voitures passent très vite surtout, quand les nuages passent aussi, lentement devant le soleil. Juste au-dessus de mon lit il y a des petits jeux en plastique qui bougent, tournent et font du bruit si je les touche, ça me fascine. Si ça fait trop de bruit ma mère arrive voir ce qui se passe, alors elle me prend tout de suite dans ses bras et me fait des câlins : elle peut pas s'en empêcher. J'adore quand elle me parle : le plus important c'est la voix. Je comprends rien à ce qu'elle dit, mais c'est le son, la musique, les vibrations, le rythme : là je comprends tout. J'aimerais qu'elle continue à me parler sans arrêt. Une maman c'est ça : l'odeur, la chaleur, la voix, les seins et les mains. C'est énorme quand même tout ça, ça fait beaucoup : moi je suis comblée. Je pouvais pas mieux tomber.

Des fois je la regarde de loin, mine de rien, en faisant semblant de dormir, sans la toucher et sans qu'elle s'en rende compte : qu'est-ce qu'elle est belle ! J'arrive pas moi non plus à regarder autre chose qu'elle avant de m'endormir. Elle et moi, c'est pour la vie, c'est sûr.

GÉRONTOSCOPIE

C'est quoi cette pendule au mur en face de mon lit ? On dirait celle que j'ai dans ma cuisine. C'est pas possible : je ne suis pas dans ma cuisine, ni dans ma chambre d'ailleurs. Je ne suis pas chez moi, c'est pas la même odeur. Mais je suis où alors ? C'est pas l'odeur de l'hôpital non plus, c'est pas les mêmes lits. Je suis où bon sang ?

Je vais faire un tour dans le couloir pour repérer les lieux. Tout le monde est au lit, endormi ou pas. Ah ça c'est le voisin de la chambre d'en face : le pauvre, il a appelé toute la nuit parce qu'il croyait qu'on l'avait mis dans un camp de concentration. Là maintenant il dort enfin, la lumière du soleil doit le calmer. Les autres attendent je ne sais quoi en silence, figés comme des momies allongées dans leur sarcophage. Je descends vers les salles communes. Les murs sont bien décorés. Il y a même une petite musique d'ambiance en sourdine : ça doit être pour le personnel, parce que les pensionnaires doivent être tous sourds comme des pots. Je prends l'escalier, je vais pas me faire chier dans l'ascenseur avec tous les déambulateurs et les fauteuils roulants. La salle commune ! Quelle horreur ! ils sont tous alignés contre le mur, assis sur leur fauteuil, et ils regardent le poste de télé éteint ! c'est pas sûr qu'ils attendent qu'on le leur allume : on les a sûrement assis là sans rien leur dire et ils attendent juste qu'on vienne les rechercher pour aller manger ou peut-être dormir, ils savent plus. En attendant tout le monde regarde fixement le poste de télé éteint. Quelle horreur ! Je suis tombé où ?Je vais remonter dans ma chambre pour ne plus les voir et je vais essayer de réfléchir. Je me recouche, ce sera plus confortable.

Ah ! une jeune fille en bleu entre sans frapper, me dit bonjour et m'annonce qu'il va falloir que je prenne une douche ; elle va m'aider s'il le faut ; comme c'est le premier jour ici pour moi et qu'elle ne me connaît pas encore, elle va me tester en quelque sorte, voir un peu ce que je suis capable de faire tout seul. « Capable de faire ? » elle rigole ! si elle me fout à poil sous la douche et qu'elle commence à me savonner, je vais lui mettre directement la main aux fesses, elle va voir de quoi je suis capable ! Comme je ne me lève pas assez vite, elle commence à s'énerver, et elle se met à parler de moi à la troisième personne : « *Je vois qu'il aime bien faire la grasse matinée Monsieur Molinier ! Mais ici il va falloir respecter un peu les horaires, parce qu'ils sont très nombreux les résidents, et que les toilettes doivent être terminées avant neuf heures. Après ce sont les infirmières et le Docteur qui passent, puis la kiné, puis le repas, puis les activités de l'après-midi. Vous n'allez pas chômer ici Monsieur Molinier, vous verrez !*

— Mais on est où ici ? C'est une clinique ou une maison de repos ?

— Ni l'un ni l'autre, ici c'est une MAPAD, ou si vous préférez une maison de retraite. »

Ah les enfoirés ! Je la sentais venir celle-là, depuis quelques mois ! Chaque fois qu'ils passaient chez moi pour m'apporter des courses ils arrêtaient pas de me faire des remarques : mon lit n'était pas fait ; il y avait des mouchoirs et des kleenex roulés en boule partout, dans le lit, sur le canapé, par terre ; les poubelles n'étaient jamais sorties ; des trucs pourris traînaient dans le frigo ; l'évier était plein de vaisselle sale ; les médicaments n'étaient pas dans le pilulier ; une fois même j'avais oublié d'éteindre le gaz sous une casserole, je vous dis pas l'odeur de cramé ! Je suis tombé aussi plusieurs fois la nuit en me levant pour pisser, je me suis même pété le sternum une fois sur un coin de meuble. Mais le top c'est le jour où je suis sorti pour aller acheter Charlie Hebdo et mes Méharis au tabac-presse : je n'ai pas su retrouver le chemin de ma maison ! là c'est les flics qui m'ont ramené chez moi, la honte ! Sur ce coup-là mes fils ont décidé que ce n'était plus possible, et que je ne pouvais pas continuer à vivre seul. Mais, au lieu de me proposer de venir habiter chez eux le temps que je passe l'arme à gauche (ça, je me serais fait prier un peu, mais j'aurais peut-être finalement accepté, à la rigueur...) ils m'ont parlé direct d'une résidence spécialisée pour personnes âgées, où je pourrais amener mes meubles pour ne pas me sentir trop dépaysé. J'ai bien compris qu'ils voulaient me caser dans un mouroir, ce qu'ils appelaient autrefois « maison de retraite » et maintenant EHPAD ou MAPAD. C'est du pareil au même : ils ont juste changé le nom, et il y a toujours des petits malins qui se font du fric avec ça, un investissement très rentable parce que les vieux qui ne peuvent plus vivre seuls et qui ont quelques sous, il y en a de plus en plus, le recrutement est assuré, c'est un investissement sans risque. Moi je n'étais pas du tout d'accord, c'était clair, je le leur ai dit souvent, je pouvais très bien rester chez moi avec juste une aide-ménagère pour les courses, le ménage et la cuisine, et une infirmière pour le pilulier. Mais ils n'ont rien voulu savoir : c'était quand même trop risqué, je me rendais pas compte, j'aurais pu mettre le feu ou me fracasser le crâne, il aurait fallu quelqu'un qui me surveille 24h sur 24, trop cher de toute façon. En plus ils m'ont pris par surprise les lâches, après une hospitalisation où je m'étais fracturé le nez en me levant la nuit, ils m'ont transféré direct ici en me faisant croire que c'était juste une maison de repos pour trois semaines, comme d'habitude. C'est dégueulasse ! Moi qui ai toujours milité pour la liberté des vieux et leur droit de mourir en paix à l'endroit qu'ils avaient choisi, et même sans toubib et sans « acharnement thérapeutique » s'ils le souhaitent, avec leur litron de rouge, leur cigare et même leur petit joint ! Quand j'étais chez moi j'ai toujours trouvé des aide-ménagères jeunes qui avaient pitié de moi et qui m'en amenaient toujours un peu, de La Reynerie ou des Izards ; même le petit remplaçant du facteur, qui venait de Bellefontaine, m'a fourni tout le mois d'août pendant la canicule de 2003 : c'est grâce à lui que j'ai survécu. Je me suis toujours débrouillé. Pour le sexe c'est un peu plus chiant, surtout si tu as du mal à sortir de chez toi pour aller au bord du canal : il te faut passer par le téléphone ou internet, mais là c'est hors de prix. Alors, quand je peux, je m'arrange avec la femme de ménage : elle est sympa, gironde, joviale, directe et bonne vivante, et puis elle me dit que quand elle sera très vieille elle aussi elle essaiera d'avoir des hommes de ménage jeunes et bien gaulés, plutôt que des vieilles garces qui essaient de te voler. On s'entend bien tous les deux.

C'est compliqué le sexe quand tu es très vieux. En fait non, c'est pas vrai, c'est juste compliqué d'en avoir, mais c'est beaucoup moins compliqué à faire que quand tu es jeune : tu as juste besoin qu'on te caresse doucement et longtemps, avec la main, avec la bouche ; tu n'as plus cette envie débile de saisir la femme, de lui sauter dessus, de la dominer, de la pénétrer de partout, de te comporter en prédateur. Surtout tu n'as plus à prouver que tu es un vrai mâle, puissant et compétitif, qui connaît tout du point G et qui peut déclencher des orgasmes à répétition toute la nuit. Non, au contraire, tu es devenu tout doux, tout tendre, tout gentil, tout passif, tu as envie de te blottir contre le sein de la femme presque comme si elle était ta mère : bon, j'exagère un peu, mais presque pas. Et puis, quand elle est arrivée à te faire bien bander avec sa bouche miraculeuse (les arts de la bouche !) là c'est la fête : tu peux la laisser te chevaucher et prendre son plaisir tranquille tout le temps qu'elle veut, sans que tu aies à te casser les reins et le dos en la besognant comme un malade, ou à surveiller l'arrivée de ton éjaculation. J'adore ça : la voir s'exciter et perdre peu à peu la tête toute seule, toi tu es juste l'axe dont elle a besoin pour s'empaler, elle se sert de ton sexe jusqu'à l'explosion finale ; même si je ne jouis pas en même temps qu'elle, c'est vraiment le pied de la voir dans cet état ; qu'est-ce que c'est émouvant ! C'est fort le sexe ! C'est peut-être ce qu'il y a de plus fort dans la vie. Ma femme de ménage, elle est toute contente les jours où elle a un vieux qui bande comme moi. Pour me rassurer elle me dit : « *Tu sais Molinier, ne crois pas que je le fais avec tous mes clients, je le fais qu'avec toi, parce que toi je t'aime bien, tu es toujours très gentil avec*

moi, et puis tu es quand même un sacré loustic
! Tu as dû aimer ça toute ta vie, et en faire des
vertes et des pas mûres...Ça se sent ces
choses...»

Tout ça je peux pas en parler avec mes fils. Eux ils s'imaginent que passé cinquante ans tu es fini, liquidé, anesthésié, castré, rayé des registres, une momie sans aucune envie. Ils peuvent pas comprendre. Eux déjà à quarante ans, une fois qu'ils ont eu fait leurs trois gosses obligatoires, je me demande s'ils avaient une vie sexuelle : à voir la tronche que tiraient leurs femmes à l'époque, je connais la réponse. Les pauvres ! j'espère qu'elles se prenaient un peu de bon temps en douce dans leur dos, parce qu'avec mes fils, sorti du boulot, du pognon, des bagnoles, du golf et du rugby, c'était le désert intégral ! Pas moyen de parler d'un livre ou d'un film. Rien à dire, circulez ! Leur mère et moi on leur a jamais caché qu'on adorait le sexe, mais il faut croire que ça saute une génération. C'est peut-être pour ça qu'on s'est jamais bien entendus, mes fils et moi. Si seulement je voyais mes petits-fils plus souvent, je leur transmettrais les vraies valeurs, et je leur donnerais des leçons de vie en ciblant les priorités : manger, boire, fumer, baiser, lire, aller au ciné, contempler la nature, aller aux champignons, pêcher la truite, rigoler avec les copains, mépriser tous les empêcheurs de jouir, ce serait un bon début d'éducation ! « Carpe diem ! » Mes petits-enfants, les pauvres ! j'ai peur qu'ils finissent comme leurs pères dans une école de commerce et qu'ils deviennent des cadres libéraux et dynamiques, UMP bon teint comme tous ceux qu'on voit sur BFM-TV. J'ai fait tout ce que j'ai pu pourtant, en douce, dès que leurs parents avaient le dos tourné, mais le combat était inégal : les parents, les copains, l'école, plus la télé, les jeux vidéo, tous coalisés contre moi, je m'avoue vaincu. Quel dommage que les soixante-huitards n'aient pas réussi à détourner leurs petits-enfants de cette non-pensée mondialisée et érigée en évidence sans alternative ! Tous des perroquets ! C'est notre grand échec. On a été vaincus sur ce coup-là. Les banquiers sont les plus forts.

Bon, fini de me plaindre. Il faut que je réfléchisse et que je m'organise pour survivre dans ce mouroir en préparant mon évasion. Ils ne m'auront pas ! « No pasarán ! »

En premier il faut que je récupère les clefs de chez moi et ma carte bleue. Ensuite je dois m'arranger pour être transféré à l'Hôpital en urgence : c'est comme ça que la plupart des prisonniers réussissent à s'évader de Seysses. Et là-bas j'enlèverai ma perfusion et je me ferai ramener chez moi en taxi : je me souviens très bien de l'adresse, avenue Crampel. Donc, les clefs et la carte bleue, il faut commencer par là, et que je les planque sur moi sans qu'elles s'en aperçoivent.

Je dois surveiller la secrétaire de l'accueil qui est assise juste à côté du coffre-fort où elle garde les clefs, les cartes bleues, les cartes Vitales et les chéquiers. Ça c'est facile : elle sort toutes les vingt minutes fumer une clope devant l'entrée (alors qu'on nous l'a interdit à nous !). Mes clefs c'est facile : il y a une étiquette en plastique vert avec mon nom dessus (M. Molinier). Ma carte bleue est juste à côté. Je vais m'asseoir mine de rien devant sa porte, en ayant l'air de somnoler : ici ils somnolent tous, alors si tu veux passer inaperçu tu n'as qu'à piquer du nez. Elle arrête pas avec son téléphone. Il faut dire que c'est lundi matin, l'heure de pointe pour le téléphone : les familles des candidats, les familles des internés, les généralistes et les hôpitaux qui veulent caser quelqu'un tout de suite parce que les hôpitaux débordent, ça n'arrête pas. Je vais essayer de libérer une place, mais ça je peux pas le lui dire tout de suite. J'attends juste qu'elle soit bien en manque de nicotine, et là, crac, j'ai trois minutes pour récupérer mes clefs. Mais je les connais bien les standardistes : elles sont réglées comme du papier à musique. Ça ne rate pas : elle profite d'un petit trou dans les appels téléphoniques et elle file vers la terrasse sous l'auvent de l'accueil en sortant déjà sa clope et son briquet pour ne pas perdre de temps. J'ai juste trois minutes. J'entre mine de rien dans sa cahute : elle a laissé la porte du coffre entr'ouverte ! trop facile ! Mon trousseau est là avec son étiquette verte. Je le mets direct dans la poche de ma robe de chambre ; j'attrape ma carte bleue au passage et je remonte dans ma chambre sans me presser. Ni vu ni connu. Maintenant, deuxième étape : se faire hospitaliser. Là c'est facile : je fais couler de l'eau sur le sol de la salle de bains, je me couche par terre, je hurle en disant que j'ai glissé, j'ai très mal à la hanche et à la jambe, et je suis bon pour un col du fémur, personne va vérifier, j'ai droit au SAMU dans la demi-heure, direction Purpan.

Ça a marché ! je suis dans l'ambulance, le SAMU n'est même pas venu : ils ont fait appel à un privé pour se débarrasser de moi au plus vite. Les Urgences je te dis pas le box : c'est Beyrouth plus Bagdad ! Moi je m'en fous d'attendre, j'ai tout mon temps pour préparer ma sortie, je serre mon trousseau de clefs dans ma main droite et dans la poche de mon pantalon, j'attends qu'une chambre se libère et le temps qu'un toubib vienne me voir dans la nuit je vais bien trouver une faille pour m'exfiltrer et faire signe à un taxi devant l'Hôpital : je suis pas en pyjama, j'ai pas l'air fou ou mourant, je vais lui expliquer que j'en avais juste marre d'attendre pour une petite chute sans gravité, que tout va bien et que je vais rentrer chez moi avenue Crampel : j'ai pas de bon de transport signé par un toubib, mais je peux le payer de ma poche s'il m'arrête à un distributeur. Trop fort ! Ça marche !

J'ai du bol : je suis tombé sur un chauffeur de taxi FN qui a la haine contre les urgences des hôpitaux publics, encombrées par les immigrés qui ne paient jamais rien, où on attend un toubib pendant des plombes, et où on t'envoie la facture après, juste à toi qui paie des impôts et des cotisations sociales. Il me ramène chez moi par des chemins improbables, il me prend vraiment pour un vieux gâteux : pour aller de Purpan à Crampel il me fait passer par Beauzelle et Pinsaguel, et en plus en me faisant toute une théorie contre le service public. Mais il m'arrête quand même au distributeur de billets de Saint-Michel : c'est le plus sûr de Toulouse me dit-il, au pied de la gendarmerie. Heureusement je me souviens de mon code.

Ça y est ! je suis chez moi ! je tombe sur mon lit, épuisé par toutes ces péripéties. Je vais piquer un bon roupillon et je les appellerai demain matin pour leur expliquer que je n'ai pas à obéir à leurs injonctions, que je suis un citoyen libre, adulte et vacciné, et que la maison de retraite ils peuvent faire une croix dessus. OK ? « *Gardarem lou Larzac milo dious !* » (en occitan dans le texte). « *Carpe diem !* » (en latin dans le texte).

MÔROSCOPIE

Ils ont fini par me laisser sortir de la clinique ce matin. Trois mois ce coup-ci. J'étais rentré fin août. Putain ! j'ai eu ma dose ! En HDT d'abord pendant trois semaines : service fermé, contrôlé sur tout, les médocs, le portable, l'ordinateur, les câbles électriques, les clopes, les visites, promenade surveillée, couvre-feu, la totale. J'ai fait profil bas parce que j'ai l'habitude : si tu veux sortir assez vite t'as pas intérêt à faire des vagues ou des « événements indésirables » comme ils disent : shit, alcool, couteau, sexe ou bagarre . C'est les cinq piliers en clinique psy. Puis deux mois en service ouvert, mais sans permissions de sortie : ils avaient peur que je ne revienne pas. Mon nouveau psy a été très sympa : il est tout jeune, il ne me connaissait pas trop et il m'a cru quand je lui ai dit que j'avais compris cette fois-ci, pas de shit et médicaments tous les jours, c'est la base indispensable. Je lui ai dit que j'étais d'accord et que je reviendrais le voir quand il le souhaiterait. « *Dans quinze jours, d'accord, ça me paraît raisonnable. Je peux avoir un VSL pour rentrer chez moi, parce que j'ai beaucoup de bagages ?* » OK, trop cool !

Trois mois que j'avais pas mis les pieds dans mon studio ! Le soi-disant concierge (en fait un repris de justice, espion payé par le propriétaire mafieux de l'immeuble) me repère tout de suite : « *Ah il est enfin sorti de clinique Monsieur Bouisset ! C'est pas trop tôt ! Son appartement commençait à empester tout l'immeuble.* » Il parle de moi toujours à la troisième personne, comme s'il parlait de moi à quelqu'un d'autre. C'est une forme de mépris qu'il a contre les malades mentaux, les tarés, les schizos, les AAH, les « CAT » comme il dit. Par contre le propriétaire, lui, un ancien flic ripoux à la retraite, ne crache pas sur le loyer que lui paie ma curatrice tous les mois, pour son studio pourri. Je grimpe l'escalier dans le noir : l'éclairage est en panne comme d'habitude. Ma porte n'a pas été forcée, un vrai miracle dans ce quartier de la place Belfort où il y a un cambriolage par jour dans chaque rue. Quelle odeur ! Tout le frigo a moisi, ma curatrice est même pas venue jeter un coup d'oeil ; elle fout rien celle-là à part me distribuer mon argent de poche au compte-gouttes. Je vérifie que personne ne soit entré pour installer des micros ou des caméras : en général c'est planqué dans les tuyauteries d'eau ou de gaz, mais souvent aussi dans les lustres ou les lampes. Je vérifie tous mes bouquins parce que là aussi c'est facile de planquer un micro. Je colle mon oreille au mur : ce sont des cloisons fines comme du papier, ma voisine la petite arabe a déjà dû entendre que j'étais revenu. Elle épie tous mes faits et gestes, en rigole avec les copains qu'elle fait venir chez elle pour fumer et partouzer toute la nuit. Moi je m'en fous de ses orgies : pour pas l'entendre hurler quand elle prend son pied je mets mon casque et je regarde des films sur internet. Je ne dors jamais la nuit, c'est trop dangereux, je dois surveiller mon studio, l'immeuble et la rue, parce que c'est toujours la nuit qu'il se passe des trucs graves. Au matin, dès que le soleil est bien levé, là je peux enfin m'endormir tranquille. Le bruit des voitures ne me gêne pas. Je descends juste en fin d'après-midi acheter quelques bricoles au Carrefour Market du coin, une pizza, une boîte de raviolis, du pain, du café soluble, jamais de fruits ni de légumes, ça il m'en faut pas, c'est plein de bactéries, et surtout des cigarettes au bistrot du coin, ça c'est ce qui me coûte le plus cher : un paquet et demi de Winfields par jour. Je fais vite parce que je dois surtout éviter le regard des gens dans la rue ou au magasin : les embrouilles ça commence toujours avec des regards échangés. Des fois, tu as beau éviter, les gens te cherchent du regard. Dans le quartier Belfort tout le monde sait que je suis un malade psy, il paraît que ça se voit à ma démarche et surtout à mon regard. Pourtant les nouveaux médicaments me plombent moins qu'avant quand ils me filaient de l' Haldol et du Tercian à la louche : avec un seul comprimé de Xéroquel j'ai l'impression d'être presque normal, je dors juste neuf ou dix heures par jour, je ne bave pas, je ne tremble pas, et je crois même que je n'ai plus mauvaise haleine. Le gars qui prend du Tercian, tu le sens à cinq mètres.

Je ne prends plus le bus ni le métro : les gens sont trop nombreux, trop près de toi, ils te frôlent, te touchent, et s'ils sont loin ils te reluquent avec leur regard méprisant et agressif. Ils te font bien sentir qu'ils t'ont repéré, que tu n'es pas comme eux : un mec normal qui va au travail ou en revient, qui va faire des courses ou flâner dans les boutiques, faire les soldes, et qui est attendu chez lui par une bonne femme ou un mec ou des gosses.

Je ne vais plus m'installer à une terrasse de bistrot comme avant. J'aimais bien regarder le soleil éclairer la façade du Capitole qui devenait peu à peu rouge-orange vers la fin de l'après-midi. C'était mon petit plaisir. Mais les choses ont changé : je n'arrive plus à me concentrer sur la façade et à faire abstraction des gens qui m'entourent. Maintenant, quand je veux m'installer à une terrasse, je vois tout de suite tous ces regards des gens normaux qui me repèrent et me scrutent et commentent mes habits et ma tête. C'est super violent. Je ne peux plus me détendre, me relaxer, laisser le paysage entrer simplement par mes yeux. Ma tête est entièrement envahie par ces regards accusateurs qui me disent : « *tu n'as rien à faire ici, tu n'es pas des nôtres, dégage !* »

Pour moi les choses ont démarré à l'adolescence, au lycée, juste avant le Bac. Jusque là j'allais à peu près bien. J'étais un bon élève qui aimait bien la lecture, qui ne posait aucun problème : sage et discipliné. J'étais juste un peu trop timide, les garçons ne voulaient pas être mes copains, les filles se détournaient de moi en rigolant, les profs me trouvaient intelligent à l'écrit, mais à l'oral j'étais une vraie catastrophe. Mais l'année du Bac ça s'est brusquement aggravé : je n'arrivais plus à sortir, j'ai commencé à m'enfermer dans ma chambre avec mon casque sur les oreilles parce que je ne supportais plus les autres : musique, films, jeux vidéos, clips, nuits blanches, absences en cours. Puis je me suis aperçu que le shit m'apaisait un peu, calmait les angoisses, me faisait planer loin de tout ce monde trop stressant. Depuis la troisième j'en fumais un peu comme tout le monde, mais là j'ai dû peu à peu augmenter les doses : le soir d'abord pour m'endormir, puis de temps en temps pendant la journée dans les moments de stress, puis dès le matin pour calmer l'angoisse de l'arrivée au lycée. A la fin j'étais en fait sous shit toute la journée. Et là c'est vrai que, comme me l'a dit mon psy, j'ai commencé à devenir parano. Tout le monde me regardait, se moquait de moi, parlait de moi dans mon dos. Je ne pouvais plus prendre le bus ni marcher dans la rue. Alors tu parles le lycée ! Je ne pouvais plus y aller du tout : c'était un endroit horrible, impossible pour moi.

Et puis, un jour, il y a eu la voix : quelqu'un s'est mis à me parler très distinctement, à faire des commentaires sur tout ce que je fais, à me critiquer, puis à me donner des ordres. Et si je ne fais pas ce qu'il veut, alors il me menace : il me dit que je vais mourir dans d'atroces souffrances parce que je suis vraiment un gros nul, le dernier des derniers, un pervers, avec des pensées coupables et des désirs inavouables. Il sait tout de moi, même ce que je n'ai jamais dit à personne, même des fois des trucs auxquels je n'avais jamais osé penser tout seul. Il me rappelle que j'avais été traumatisé un soir par une petite prostituée noire que j'avais rencontrée au bord du canal, que j'avais ramenée dans mon studio, et qui avait joui en hurlant pendant que je la sodomisais. Jamais j'avais vu jouir une prostituée. Jamais j'ai revu une prostituée : c'était trop flippant ces hurlements. Il me dit même que j'ai parfois des mauvaises pensées quand je croise des gosses qui sortent de l'école, surtout des petits garçons : ça c'est le pire ; je ne supporte pas.

Mon psy il me dit que tout ça c'est juste dans ma tête, qu'il n'y a personne qui me parle, que c'est juste moi ou plutôt une partie de mon cerveau qui se met en fonctionner en roue libre et qui imite un personnage réel : il appelle ça une hallucination acoustico-verbale. Il me dit que ça arrive à plein de ses patients.

Mais moi je suis quand même mieux placé que lui pour savoir que quelqu'un m'a vraiment pris pour cible et me pourrit la tête toute la journée pour me faire craquer. Je ne sais pas comment il s'appelle, mais il veut me tuer, c'est clair, m'éliminer. Ou plutôt il veut que j'en finisse moi-même. Je le sens venir. Il est fort le salaud, il me harcèle sans arrêt, même quand je mets la musique à fond dans mon casque. Des fois j'ai même envie d'en finir, là, tout de suite, juste pour ne plus entendre sa voix. C'est insupportable, comme les tortures nazies en prison.

Ce soir c'est la pleine lune. J'ai rendez-vous avec la Garonne. La dernière fois je l'avais traversée à la nage en plein jour devant l'île du Ramier, juste pour batifoler tout nu avec elle, et les pompiers m'avaient gentiment cueilli à l'arrivée devant le Parc des Expositions et m'avaient amené direct aux urgences. J'y ai pensé calmement toute la journée. J'ai tout organisé. Cette fois-ci je vais faire très attention, je ne vais pas me laisser récupérer par les pompiers et hospitaliser, sinon la voix va continuer à m'attaquer. Ce n'est plus possible cette voix, ça me rend fou, il faut que je m'échappe pour de bon cette fois-ci.

J'ai attendu quatre heures du matin pour descendre vers le fleuve. Les rues sont désertes et vernies de pluie. Il fait très froid. Il n'y a plus aucun noctambule pour sortir des boîtes de nuit en riant, gueulant et chantant. Tous les clochards dorment dans leurs recoins enveloppés dans leurs cartons. Les prostituées et les travelos se sont mis au chaud. Le brouillard est tombé sur la ville et ne laisse filtrer que la lumière jaune des réverbères. Elle est magnifique la Garonne comme ça, prise dans la brume. Elle fait un bruit régulier et rassurant, comme une force tranquille, noire et profonde, capable de tout emporter, de tout engloutir, de tout nettoyer, de tout apaiser. Si quelque chose y tombe, l'eau se referme aussitôt autour d'elle comme des bras qui l'enlacent, l'acceptent et l'assimilent, la digèrent, et fusionnent avec elle. C'est comme une mère chez qui tu pourrais retourner à tout moment te blottir, si tu le décidais. C'est une porte de sortie accueillante qui t'attend en silence. Personne ne sait que c'est la porte de sortie : il n'y a qu'elle et toi. Non, en fait c'est plutôt une porte d'entrée dans le monde de la tranquillité, de l'apaisement, très loin des regards entendus, goguenards ou agressifs, du mépris, des humiliations, des chambres d'isolement, des neuroleptiques, de toute cette vie de merde qui t'a été infligée depuis dix ans.

Voilà, j'arrive au Pont Neuf ; la rue de Metz et les quais sont déserts ; j'avance tranquillement jusqu'au milieu du pont, au sommet je m'assieds sur le parapet. Elle est là, sous mes pieds, elle m'attend, éclairée par la lune à travers l'édredon de brouillard qui s'est couché sur elle pour la nuit. Elle savait que je viendrais ce soir. Elle avance majestueusement vers moi dans sa longue robe noire aux reflets dorés, avec un bruit régulier, sourd et doux comme un souffle. Je suis au rendez-vous.

J'arrive. Je me penche vers elle. Je respire un grand coup. Je pousse le parapet vers l'arrière avec mes deux mains. Allez ciao

TABLE

www.ingramcontent.com/pod-product-compliance
Lightning Source LLC
Chambersburg PA
CBHW070652290526
45790CB00001B/287